HEYNE
BÜCHER

ESOTERISCHES
WISSEN

ANGELIKA HANSEN

Begegnung
mit dem Schamanen

Die Geschichte einer Heilung durch
indianischen Schamanismus

Originalausgabe

WILHELM HEYNE VERLAG
MÜNCHEN

HEYNE ESOTERISCHES WISSEN
Herausgegeben von Michael Görden
13/9736

Umwelthinweis:
Dieses Buch wurde auf
chlor- und säurefreiem Papier gedruckt.

Copyright © 1998
by Wilhelm Heyne Verlag GmbH & Co. KG, München
Printed in Germany 1998
Umschlaggestaltung: init GmbH, Bielefeld
Umschlagabbildung: Tony Stone Bilderwelten, Hamburg
Herstellung/DTP: Sibylle Hartl
Druck und Bindung: Presse-Druck, Augsburg

·ISBN 3-453-13021-9

FÜR ALEXANDER

DANKE...

An dieser Stelle möchte ich vor allem Michael Görden danken, ohne dessen Vertrauen und Inspiration dieses Buch wohl nie realisiert worden wäre.

Auch geht mein Dank an John Lawrence für seine Photos und an William Lyon, Anthropologe und Autor, der seine gute Laune und umfangreichen Kenntnisse des Lakota uneigennützig an mich weitergegeben hat.

Manfred Mroczkowski, der sich hoffentlich noch an mich erinnert, danke ich hier für seine einmalige Geduld, und meiner Freundin Marion Kyle für ihren unerschütterlichen Glauben an meine Fähigkeiten.

Ron McCabe, Philip Montrose und Milinda Wright danke ich für die Schilderung ihrer sehr persönlichen Erfahrungen mit Godfrey, die sie mir rückhaltlos für dieses Buch zur Verfügung stellten.

Und nicht zuletzt geht mein tief empfundener Dank an Godfrey Chips, der mir durch sein Vertrauen das größte Geschenk gemacht hat. Ich hoffe, daß dieses Buch ihm gefällt und er seinem »Angel« weiterhin gewogen bleibt ...

INHALT

1987 bin ich als deutsches Großstadtkind mit kosmo-
politischen Ambitionen, ausgeprägter Reiselust und gequält von Panikattacken erstmals zu den Lakota gekommen. Trotz der im wahrsten Sinne des Wortes wunderbaren Erfahrungen, die ich dort gemacht habe und
die in diesem Buch beschrieben sind, hatte ich nie das
Bedürfnis, die schamanistischen Kräfte zu erlangen, die
das Wesen von Godfrey und anderen Vertretern traditionellen indianischen Wissens ausmachen. Und die so
manchen Nicht-Indianer dazu veranlassen, zunächst
voller Ehrfurcht und Begeisterung die *red road*[1] zu beschreiten, um dann bald heiliger als der Papst zu werden.

Ich hatte das große Glück, in Godfrey Chips einem
Menschen mit außergewöhnlichen Fähigkeiten zu begegnen, die unserer westlich-europäischen Denkweise
fremd sind, und der mir eines Tages ungefragt seine
Hilfe anbot, als ich nicht einmal wußte, wie dringend
ich sie brauchte.

Das vorliegende Buch ist in erster Linie mein Danke-
schön an den Mann, der sich bescheiden »Interpretor
of the Spirits« (Dolmetscher der Geister) nennt. Bevor
wir mit der Aufzeichnung seiner Geschichte begannen,
sprachen wir über die Wahrscheinlichkeit, daß sich nach
Veröffentlichung des Buches vermehrt Menschen mit
der Bitte um Hilfe an ihn wenden werden. Er ist sich

---

[1] Rote Straße: Synonym für die traditionelle indianische Lebensweise.

dessen bewußt und dazu bereit. Er sagt, daß sein Leben der Hingabe an *Tunkashila* gewidmet ist, den Großen Geist. Und damit der Hilfe für alle kranken und verzweifelten Menschen, die den Kontakt mit ihm suchen und bereit sind, den Anweisungen der *Tunkashilas* zu folgen.

In Anbetracht der Situation im Pineridge- und Rosebud-Reservat in South Dakota werde ich die Hälfte meiner Einnahmen aus diesem Buch an Godfrey Chips weiterleiten. Durch ihn wird das Geld den Menschen zugute kommen, für die er Halt, Stütze und Hoffnung darstellt in einer Umgebung, in der das Leben härter ist, als die meisten von uns es je erfahren werden.

Ich habe dieses Buch in drei Abschnitte unterteilt. Der erste beinhaltet meine persönliche Begegnung mit Godfrey. Der zweite gibt seine Geschichte und die seiner Großväter wieder, wie er sie mir auf Tonband gesprochen hat. Dann folgt die faszinierende Beschreibung eines traditionellen *Vision Quests* und der Bericht eines krebskranken Mannes, der – von der Schulmedizin aufgegeben – im letzten Moment Godfrey und durch ihn Heilung fand. Und zum Schluß die Geschichte einer jungen Frau, die an Gebärmutterkrebs erkrankt war und heute gesund der Geburt ihres ersten Kindes entgegensieht.

Am Ende des Buches befindet sich ein Glossar, in dem alle Lakota- und sonstigen Begriffe, die sich auf die indianische Lebensweise beziehen, alphabetisch aufgeführt sind.

Angelika Hansen,
Los Angeles, im September 1997

EINLEITUNG

*Es gibt tatsächlich
noch »Indianer«*

Nicht daß ich mir viel Gedanken darüber gemacht hätte, ob es noch Indianer gab. Soweit ich wußte, existierten sie hauptsächlich in den Büchern von Karl May, von denen die Kinder in den fünfziger Jahren noch begeistert waren – darunter auch meine beiden Brüder, deren ganzes Herz den »noblen Wilden« gehörte, was sich problemlos auf mich und meine Vorstellung von ihnen übertragen hatte. Daß es tatsächlich noch Indianer gab und wie sie heute lebten, davon wußte ich nichts.

Zwanzig Jahre später, im unbeschwerten Sommer 1974, wurde ich im wahrsten Sinne des Wortes eines Besseren belehrt.

Ich lebte damals mit meinem amerikanischen Freund David in Rom, wo wir uns mit einigen Freunden aus Südamerika eine große Wohnung in der Via dei Gonzaga teilten. Von dort waren es nur ein paar Schritte bis zur Piazza Navona, wo David seinen selbstgemachten Silberschmuck und die Maler unter uns ihre Bilder an Touristen aus aller Welt verkauften. Das Leben war schön, ereignisreich und umkompliziert, und in dem kleinen Lebensmittelladen gegenüber konnten wir anschreiben lassen, wenn uns mal das Geld ausging.

Unsere Wohnung war ein beliebter Anlaufpunkt für Freunde und Bekannte von überall her. Und mancher, der sich nur mal die Ewige Stadt anschauen wollte, blieb danach auch beinahe ewig bei uns. Jedenfalls gab es beim Mittag- oder Abendessen nie einen leeren Stuhl am Tisch. Das Haus war immer voller Leute, und so etwas wie Privatleben oder Intimsphäre gab es kaum für uns. Doch das war kein Problem, denn wir waren Hippies, jung und bereit, alles zu teilen.

So war es auch nichts Ungewöhnliches, als David an diesem milden Frühlingsabend drei Gäste zum Essen mitbrachte, deren Gegenwart mich sofort begeisterte. Es handelte sich bei ihnen um ein Ehepaar und dessen Tochter. Der Mann war ungefähr Mitte Dreißig, groß und außergewöhnlich gutaussehend. Seine langen schwarzen Haare hatte er mit einem türkisfarbenen Band zu einem Zopf geflochten, der ihm bis zur Taille reichte. Er strahlte eine auffallende Ruhe und Integrität aus. Die Frau sah ihm so ähnlich, daß sie seine Schwester hätte sein können, und ihre sanfte Art erschien mir wie die Verkörperung des Weiblich-Fürsorglichen. Die Tochter war ein hübsches, etwas scheues Mädchen, nicht älter als zwölf Jahre.

Wenn ich Jahre später gefragt wurde, was mich denn eigentlich zu den Indianern gebracht hat, habe ich oft halb im Scherz gesagt: »Es waren die schönen Männer!« Unser höheres Selbst scheint sich zuweilen gerne eines Mittels zu bedienen, dessen Wirkung es ziemlich sicher einkalkulieren kann, um uns damit einen Stubs in die angesagte Richtung zu geben. Was mich betrifft, verfehlt ein Mann, der Schönheit, Ruhe und Integrität ausstrahlt, seine Wirkung nie.

Weder erinnere ich mich, worüber wir an jenem Abend gesprochen haben, noch sind mir die Namen der drei Besucher im Gedächtnis geblieben. Doch habe ich nie vergessen, wie tief mich ihre Schönheit und die Art ihres Denkens berührten. Irgend etwas an diesen Menschen war anders, war tatsächlich nobel und brachte eine Saite in meinem Herzen zum Klingen, die ich zuvor nie vernommen hatte. In der Stille meiner Seele fühlte ich mich ihnen zutiefst verwandt.

Die Erinnerung neigt dazu, Ereignisse aus der Vergangenheit zu dramatisieren. Doch bin ich mir sicher, daß ich den ganzen Abend lang kaum was gesagt habe, sondern wie verzaubert die Gegenwart dieser drei Menschen genoß, ihren Anblick in mich aufnahm und ihnen zuhörte. Daß diese Begegnung der Beginn einer Entwicklung war, die mir dreizehn Jahre später nach einer Phase großen Leides ein »neues« Leben ermöglichen würde, hätte ich damals jedoch nie gedacht.

Unsere Gäste waren Hopi aus Arizona.

Drei Jahre später, im Januar 1977, ging ich zum ersten Mal in die USA. Ich hatte als Schauspielerin ein paar Filme in Deutschland und Italien gedreht, zwei davon unter der Regie von Federico Fellini. Für mich kam jetzt nur noch Hollywood in Frage – vor allem nachdem ein bekannter deutscher Filmemacher mir die lauwarme Schulter gezeigt hatte und ich nicht warten wollte, bis sich der berühmte, aber scheue schwedische Regisseur von seinem Schock erholt hatte, einfach so von mir auf der Straße nach einer Rolle angesprochen zu werden. In Hollywood also lief ich an einem milden Januartag mit lächerlichen 15 Dollar, der Telefonnummer einer Frau in San Diego, die ich ein paar Wochen vorher in London kennengelernt hatte, und einem Rückflugticket ein, um Filmgeschichte zu machen. Daß ich tatsächlich eine kleine Chance angeboten bekam und sie ausschlug, weil ich schnell merkte, daß dieses Hollywoodleben nicht das richtige für mich war, steht auf einem anderen Blatt. Jedenfalls erledigte sich das Thema Hollywood nach ein paar Wochen.

Es sollte zwanzig Jahre dauern, bevor ich wieder nach Los Angeles zurückkam, wo ich heute lebe und schon lange nichts mehr mit Film zu tun habe.

Ich blieb damals fünf Monate in Kalifornien. Dann brachten mich Heimweh und das ungewohnte Bedürfnis, ein Nest zu bauen, nach München zurück. Der Grund: ich war im dritten Monat schwanger.

Als mein Sohn Alexander ein Jahr alt war, hatte sich das Nestbedürfnis spurlos verflüchtigt. Ich konnte es nicht erwarten, wieder auf eine längere Reise zu gehen, dieses Mal mit Kind. Wobei ich festgestellt habe, daß Reisen mit Babys ein wahres »Kinderspiel« ist. Ich wollte noch einmal nach Kalifornien. Ich liebte das Land, wenn ich auch nicht genau wußte, was ich dort eigentlich sollte...

Viele Flüge über das große Wasser und die Frage: »Was will ich hier eigentlich?« waren nötig, bevor ich zehn Jahre später, im August 1987, in South Dakota den Lakota-Indianer und *yuwipi*-Mann Godfrey Chips traf, von dem dieses Buch handelt.

Mit ihm habe ich dann auch die Antwort auf meine Frage gefunden.

ERSTER TEIL

ERSTES KAPITEL

DIE ANGST

Nach vielen heiteren, unbeschwerten Jahren, in denen ich im großen und ganzen das Gefühl hatte, alles im Griff zu haben und auf der Sonnenseite des Lebens zu stehen, geriet ich 1983 unversehens in eine schwere Krise. Ich war siebenunddreißig und hatte plötzlich nichts mehr im Griff. Alles, was ich gestern noch mit Leichtigkeit und Zuversicht angepackt hatte – sei es Beziehungen, Jobs, das Leben schlechthin – funktionierte nicht mehr. Die verheerende Tatsache, daß an die Stelle des gewohnten Modus Vivendi kein neues Muster trat und ein scheußliches Vakuum der Orientierungslosigkeit entstand, ließ mich immer häufiger in die quälendsten Angst- und Panikattacken fallen, die meine frühere Lebensfreude und Unbeschwertheit beinahe gänzlich auslöschten.

Zurückblickend sehe ich, daß es Warnzeichen gegeben hatte. Mit einem nagenden Schuldgefühl dachte ich manchmal, daß mein Leben zu leicht war, zu einfach, zu angenehm; ich war sicher, nicht die gleichen Probleme und Sorgen wie andere Menschen zu haben. Oft wunderte ich mich, warum so viele Leute unter Trauer, Depressionen und Ängsten litten, während ich diese Gefühle in einem Moment »bewußter« Entscheidung aus meinem Leben verbannt hatte. Es schien, als gäbe es zwischen mir und den anderen eine Wand aus Glas, durchsichtig und klar, doch undurchdringbar. Die

Gefühle und Angelegenheiten der Welt auf der anderen Seite des Glases waren mir seltsam fremd, doch störte mich das nicht weiter.

Ich lebte in meiner eigenen Welt, und meistens gefiel mir das. Liebhaber, ein oder zwei enge Freunde und viele Bekannte leisteten mir vorübergehend Gesellschaft. Doch das Gefühl, im Grunde an niemanden und nichts gebunden zu sein, verschwand nie. Es gab eine Ausnahme, und das war die Beziehung zu meinem Sohn. Ihm fühlte ich mich wirklich nahe, er war Teil meiner Welt. Ich liebte ihn und sorgte für ihn, so gut ich konnte. Doch selbst in meiner Beziehung mit ihm verspürte ich hin und wieder schuldbewußt das Bedürfnis, ungebunden und frei davonfliegen zu können, dem ich jedoch widerstand.

Ich war Mitte Dreißig, als ich eines Tages zum ersten Mal vor meinem inneren Auge die Vision einer grauen, flachen, endlosen Landschaft sah. Dieses Bild beunruhigte mich sofort und gab mir das Gefühl einer drohenden Gefahr. Am Horizont der Vision sah ich eine riesige dunkle Wolke, die langsam die ganze Landschaft einzuhüllen begann. Dieses irritierende Bild erschien immer öfter vor meinem inneren Auge. Ich spürte instinktiv, daß etwas Bedrohliches auf mich zukam. Doch weder wußte ich, was das sein konnte, noch war ich in der Lage, es aufzuhalten.

Und plötzlich, an einem schönen Sommermorgen im August 1983, hatte ich die erste von unzähligen, horrenden Panikattacken, denen ich von Anfang an hilflos ausgeliefert war und die mein Leben während der nächsten vier Jahre zur Hölle machen sollten. Mein Sohn war in der Schule und ich wollte gerade das Haus verlassen, als ich plötzlich nicht mehr durchatmen konnte. Der

Atem blieb mir im Hals stecken, und nur unter großer Anstrengung bekam ich genug Luft. Ich spürte eine unangenehme Leichtigkeit in meinem Körper, so als verlöre ich den Kontakt mit der Welt um mich herum, was mir ein Gefühl bevorstehender und totaler Auflösung gab. Panik ergriff mich. Im gleichen Moment begann mein Herz schneller zu schlagen, bis es so raste, daß ich glaubte, es würde explodieren. Überwältigt von Panik und Schwäche, ließ ich mich aufs Bett fallen und betete: »Bitte bitte, lieber Gott, laß mich nicht sterben!« Der Anfall dauerte nur ein paar Minuten, dann beruhigte sich mein Herz, und ich konnte wieder normal atmen – doch mein Lebensgefühl hatte sich in diesen wenigen Augenblicken ein für alle Mal verändert. Ich spürte, daß die Zeit der bedrohlichen Vision gekommen war, und wußte, daß ich von jetzt ab einer Kraft ausgeliefert war, die ich nicht kontrollieren konnte. Ich hatte zum ersten Mal bewußt Angst erfahren – nicht die Angst vor einer sichtbaren Gefahr, sondern eine namenlose, panische Angst, deren Ursache ich nicht kannte.

Diese Attacken, die mich jedes Mal in ein tiefes Gefühl der Hilflosigkeit, Schwäche und Angst vor dem Tod stürzten, konnten mich zu jeder Tages- oder Nachtzeit überfallen, zu Hause, auf der Straße, beim Einkaufen oder in der U-Bahn. Ich wußte weder, was sie hervorrief, noch wie ich sie kontrollieren oder verhindern konnte. Nur daß der nächste Anfall kommen würde, daran gab es leider keinen Zweifel. Und obwohl ich die Symptome kannte und herannahen fühlte, konnte ich nichts dagegen tun. Während dieser Zustände, die mich oft mehrmals am Tag heimsuchten und jedes Mal eine unerträgliche Ewigkeit lang anhielten, auch wenn es »nur« ein paar Minuten waren, hatte ich das schreckliche

Gefühl, daß im nächsten Moment mein Körper, mein Geist und meine Seele in Billionen Partikel explodieren und ich ein für allemal zerstört, ausgelöscht sein würde. Ein unerträglicher Gedanke, bei dem mich gnadenlose Panik überfiel. Mein Herzschlag stolperte und überschlug sich förmlich, bis ich kaum noch die Schläge zählen konnte und sicher war, gleich einen tödlichen Herzinfarkt zu bekommen. Gleichzeitig befürchtete ich, den Verstand zu verlieren, hilflos einer verständnislosen Welt ausgeliefert zu sein, wenn ich nicht sowieso sicher war, im nächsten Augenblick sterben zu müssen. Ich begann am ganzen Körper zu zittern, meine Zähne schlugen aufeinander, die Tränen liefen mir übers Gesicht. Ein überwältigendes Gefühl von Traurigkeit und Einsamkeit erfüllte mich, und verzweifelt betete ich darum, nicht sofort und nicht allein sterben zu müssen.

Nach einer Ewigkeit, in der ich inbrünstig zu einer höheren Kraft um Hilfe betete und versuchte, meine Panik zu besänftigen, mich zu entspannen, wurde ich dann langsam ruhiger, bis mein Herz wieder normal und regelmäßig schlug. Nach einer solchen Attacke hatte ich zwar immer das dankbare Gefühl, gerade noch mal davongekommen zu sein, doch war ich jedes Mal erschöpft und äußerst verletzbar, kaum noch mit der Welt um mich herum verbunden.

Nach den ersten Panikattacken wußte ich, daß ich etwas tun mußte, um sie entweder zu vermeiden oder herauszufinden, warum sie überhaupt passierten, und so dem Horror ein Ende zu bereiten. Ich suchte verzweifelt nach Ursachen, die diese Angst hervorriefen. Dabei stellte ich fest, daß vor allem der Genuß von Kaffee, Tee und Zigaretten unweigerlich Panikattacken zur Folge hatte. Ab sofort gab es weder Kaffee noch Tee mehr, den ich immer leidenschaftlich gerne getrunken hatte, und das Rauchen stellte ich auch ein. Ich begann, mich vegetarisch zu ernähren und Süßigkeiten weitgehend zu streichen. Alle Lebensmittel, die auch nur die geringste anregende Wirkung hatten, strich ich aus meinem Speiseplan. Doch es nützte nichts. Die Angst überfiel mich immer wieder, und im Laufe der Zeit nahm ihre Frequenz und Intensität unaufhaltsam zu. Ich versuchte es mit Vitaminen, Mineral- und Stärkungspräparaten, was die Panikzustände jedoch nicht im geringsten beeinträchtigte. Bald begann ich, Ärzte und Spezialisten zu konsultieren, die mich von Kopf bis Fuß untersuchten. Als sie nichts fanden, wechselte ich zu Homöopathen und alternativen Heilern. Eine vierjährige, verzweifelte Odyssee in der Hoffnung, eine Kur für meine »Krankheit« zu finden, hatte begonnen.

Qualvolle drei Jahre vergingen in einem Zustand von Leid und Angst, den ich nie für möglich gehalten hätte. Aufgrund der verschiedenen Therapien und Heilungsmethoden, die ich im Laufe der Jahre ausprobierte, erfuhr ich allerdings tatsächlich wichtige Dinge über mich selbst. So hatte ich zum Beispiel nach der ersten *Rebirthing*-Sitzung endlich über den Tod meiner Mutter weinen können, die starb, als ich elf Jahre alt war. Auch begann ich mit der Hilfe von Therapeuten und Gruppenarbeit, mich mit dem Geist meines verstorbenen Vaters zu versöhnen. Doch die quälenden Panikattacken hörten nicht auf, im Gegenteil. Wie oft rief ich vor allem des Nachts, wenn mein Sohn schlief und ich allein war mit dem Gefühl, daß mein Ende bevorstand, verzweifelt und mit letzter Kraft den Notarzt an. Und wenn er schließlich kam, fand er eine vor Angst aufgelöste, zitternde Frau vor, die nicht alleine sterben wollte. Oft brach ich in Tränen aus, wenn der Arzt endlich da war, gab den Kampf einen Moment lang auf. Dann überspülte mich eine Welle von Traurigkeit, und gleichzeitig verspürte ich Erleichterung, weil jemand da war, der sich mit Krankheiten auskannte und mir helfen konnte, sollte mir im nächsten Moment etwas Schlimmes zustoßen. Ich hatte das Glück, daß der diensthabende Arzt jedes Mal ein mitfühlender Mensch war, der mich nicht für verrückt hielt und mir chemische Ruhigsteller gab, sondern mich statt dessen im Arm hielt und mir gut zuredete, bis ich mich beruhigt hatte und die Angst besiegt war.

Trotz dieses immer wiederkehrenden Horrors war ich irgendwie in der Lage, meinen Pflichten als Mutter nachzukommen und nach außen hin ein einigermaßen »normales« Leben aufrechtzuhalten. Aber ein wirklich normales, d. h. angstfreies Leben zu führen, an das ich mich kaum noch erinnern konnte, stellte für mich das erstrebenswerteste Glück dar. Und bei aller Qual gab ich nie die brennende Hoffnung auf, daß es mir eines Tages gelingen würde.

Mein Sohn Alexander war damals erst sieben Jahre alt. Ich zog ihn alleine groß, und um das weiterhin tun zu können, mußte ich am Leben bleiben, und nach Möglichkeit gesund. Die Tatsache, daß mein Kind mich brauchte, half mir bei der Konfrontation und gab mir zusätzliche Kraft, um den Kampf in der *dunklen Nacht meiner Seele*, wie ich diese schlimmen Erfahrungen im Rückblick nenne, nicht aufzugeben. Ich würde mich nicht unterkriegen lassen, sondern irgendwann dem Feind ins Gesicht schauen, wer oder was auch immer es sein mochte. In dem Zusammenhang fällt mir ein Cartoon ein, das ich kürzlich sah und worüber ich sehr

lachen mußte. Ein Mann sitzt am Tisch, den Kopf vorn-
übergebeugt, und bittet Gott darum, seinen ärgsten
Feind zu vernichten. Im nächsten Bild fährt ein Blitz
vom Himmel. Und im letzten sieht man dann ein Häuf-
chen rauchender Asche, darüber in einer Sprechblase
die Worte: »Laß mich das noch mal neu formulieren…«

Ob der Feind, mit dem ich es zu tun hatte, in meiner
eigenen Seele saß? Ich weiß es nicht. In den Momenten des Kampfes hatte ich keine Kraft übrig, darüber
nachzudenken. Ich befand mich in den Klauen von etwas, das offensichtlich größer und stärker war als ich;
es war mir unmöglich, es gedanklich zu erfassen, seinen Ursprung aufzudecken.

Trotz des Horrors, den ich bei diesen Attacken empfand, hatte ich die Entscheidung getroffen, keine Beru-
higungsmittel wie Valium etc. zu nehmen. Ich befürchtete, wohl zu Recht, daß solche Medikamente zwar die
Symptome meiner Angst beseitigen, mich aber gleichzeitig von ihnen abhängig machen würden. Ich wollte
die Angst nicht verdrängen, sondern sie erkennen als
das, was sie war, um sie dann für immer überwinden zu
können.

Ich versuchte, mit Hilfe von *Rolfing, Rebirthing, Re-
gressions-* und Psychotherapie die Situation in den Griff
zu kriegen. Ohne Erfolg. Einmal ging ein ratloser In-
ternist soweit, mir Betablocker zu verschreiben, ein Medikament, das bei schweren Herzkrankheiten verordnet
wird. Er sagte mir, daß er zwar nichts auf dem EKG finden könnte, was aber nicht heißen würde, daß alles mit
meinem Herzen in Ordnung sei. Also sollte ich es vorsichtshalber mal mit den Betablockern versuchen. Ich
holte das Mittel zwar aus der Apotheke, nahm aber
zunächst nichts davon.

Kurz danach fuhr ich mit Alexander nach Sizilien. Die Reise war lang, zwei Tage und Nächte im Zug. Als wir endlich ankamen, war ich so erschöpft und auflösungsgefährdet, daß ich nach den Betablockern griff und mir eine Pille in den Mund schob. Und tatsächlich, nach ein paar Minuten fühlte mich wieder einigermaßen stark und ruhig. Die Panik war weg – welche Erleichterung! Doch im nächsten Moment hörte ich deutlich eine innere Stimme, die mir sagte: »Du hast nichts am Herzen. Du brauchst diese Medizin nicht!« Ich wußte sofort und ohne den geringsten Zweifel, daß die Stimme recht hatte. Und wann immer ich diese innere Stimme höre, der ich vollkommen vertraue, handele ich entsprechend. Obwohl mir der Betablocker vorübergehend Erleichterung gebracht hatte, nahm ich das Medikament nie wieder. Sondern kämpfte weiter mit der Angst vor dem Tod, wann immer sie mich zu überwältigen drohte, rang ihr mein Leben ab; suchte nach einer Lösung und hoffte unerschütterlich, eines Tages den Grund für diesen Terror zu finden und der Qual damit ein für allemal ein Ende bereiten zu können.

Während der nächsten drei Jahre war die namenlose Angst mein unausweichlicher, erbarmungsloser Begleiter. Was ich auch versuchte, ich konnte sie nicht besiegen, mich nie auf sie vorbereiten, war ihr immer wieder ausgeliefert. Doch diese Phase des Leidens und die daraus resultierende Suche nach mir selbst gab mir Einblicke in längst vergangene Ereignisse in meinem Leben, durch die tief verborgene Gefühle an die Oberfläche kamen. Oft weinte ich dann stundenlang und fühlte mich hinterher vorübergehend befreit, weil verdrängte Gefühle endlich Ausdruck gefunden hatten. Ich lernte viel über mich in diesen Jahren. Nur eine Kur für die Angst fand ich nicht, im Gegenteil: Die Attacken kamen immer häufiger, und schließlich verging kein Tag, an dem ich nicht wenigstens eine Panikattacke hatte.

Es gab Momente, vor allem in den ersten zwei Jahren, wo die Anwesenheit eines Freundes oder verständnisvollen Menschen mich beruhigte oder die Attacken im Keim erstickte. Doch schließlich wurden diese Zustände so intensiv, daß ich, während sie mich heimsuchten, die Gegenwart anderer Menschen nicht mehr ertragen konnte. Besonders wenn ich das Gefühl hatte, für ihre Hilflosigkeit und die daraus resultierende Verwirrung verantwortlich zu sein, wo ich doch kaum die Kraft aufbringen konnte, mich selbst am Leben zu halten.

Gott sei Dank war mein Wille, diesen unbekannten, gesichtslosen Feind zu bekämpfen, unerschütterlich. Jede Begegnung mit ihm erschöpfte mich körperlich und geistig, doch aufgeben kam nicht in Frage. Ich widerstand tapfer der manchmal auftauchenden »Versuchung«, den Kampf zu beenden, mich mit der Decke über dem Kopf in meinem Bett zu vergraben, vollgepumpt mit Beruhigungsmitteln.

Statt dessen stellte ich fest, daß ich weniger Panikattacken hatte und mich besser fühlte, wenn ich auf Reisen war. Ich bin schon immer gerne gereist und irgendwohin gefahren, wo ich noch nie war. Seit ich mich einmal im Alter von fünf Jahren allein in einer fremden Umgebung fand, wo ich frei und ungehindert von besorgten Erwachsenen all das Neue um mich herum aufnehmen konnte, wo jeder neue Schritt ein Aufbruch ins Unbekannte war und mir diese Erfahrung ein ekstatisches Gefühl der Freude gegeben hatte, ist die Lust zu reisen nie vergangen. Daran änderten auch die Panikattacken nichts. Ich hielt stets an dem Gedanken fest, irgendwann irgendwohin zu fahren, möglichst weit weg, so als ob ich dort draußen Hilfe finden würde, die Lösung meines Problems, das Ende der Angst ...

In dieser dunklen Nacht der Seele gab es jedoch auch lichte Momente der Dankbarkeit, von denen manche das direkte Ergebnis meiner Angst waren. Ich hatte einige wunderbare Begegnungen mit mir völlig unbekannten Menschen, die ich um Hilfe bat, wenn mich wieder mal die Panik im Griff hatte. Wie an jenem sonnigen Nachmittag in München, als mir vor lauter Erschöpfung und Angst die Tränen übers Gesicht liefen, während ich mit dem tödlichen Feind in meinem Inneren um mein Leben kämpfte. Durch den Tränenschleier sah ich einen jungen Mann auf mich zukommen. Ich sprach ihn an und bat ihn, einen Moment lang mit mir zu reden, meine Hand zu halten, bis die Angst nachlassen würde. Und ohne mir das Gefühl zu geben, etwas Unmögliches verlangt zu haben, umarmte er mich und ließ mich weinen. Er sagte, er sei auf dem Weg in eine Schule für Homöopathie, die gleich um die Ecke lag und wo er studierte. Nachdem ich mich etwas beruhigt hatte, bot er mir an, mich dahin mitzunehmen. Ich war einverstanden. Dort stellte er mich seiner Lehrerin vor, die gerade eine Klasse angehender Homöopathen unterrichtete. Liebevoll lächelte sie mir zu und fragte mich dann, was in mir vorging und wie ich mich fühlte. Alle im Raum hörten still und mitfühlend zu, als ich ihr von meiner Angst erzählte. Anschließend gab sie mir ein homöopathisches Medikament, von dem sie hoffte, daß es mir helfen würde. Ich bedankte mich bei ihr, dem jungen Mann und der ganzen Klasse und verabschiedete mich. Das Medikament nahm ich ein paar

Wochen lang entsprechend ihren Anweisungen ein, doch leider hatte es keine Wirkung, zumindest verschwanden die Attacken nicht. Doch für ein paar Stunden fühlte ich mich an jenem Nachmittag dank der Freundlichkeit dieser beiden Menschen, die ich nie zuvor gesehen hatte, in Sicherheit, war die Panik verschwunden.

Oder ein anderes Mal auf dem Flug nach New York, als die Angst mich aufzufressen drohte. Neben mir saß eine junge Frau, eine erfolgreiche Unternehmerin, die sich auf Geschäftsreise befand. Als mein Herz wieder verrückt spielte und mich die Panik überfiel, fragte ich sie, ob ich bitte meinen Kopf an ihre Schulter lehnen könnte, da der physische Kontakt mit einem anderen Menschen meine Angst reduzieren würde. Mit einem Lächeln schaute sie mich an und nickte. Ohne mir irgendwelche Fragen zu stellen, als ob es sich bei meiner Bitte um die selbstverständlichste Sache der Welt handelte, richtete sie sich so in ihrem Sitz ein, daß ich wie ein Kind an der Schulter der Mutter ruhen konnte. Für einen gnädigen Augenblick war der Feind besiegt, und mein Herz beruhigte sich.

Langsam kristallisierte sich während dieser Jahre eine zentrale Frage in meinem Inneren heraus, deren Beantwortung mir zunehmend lebenswichtiger erschien: »Warum bin ich hier? Worin besteht mein besonderes Talent in diesem Leben? Benutze ich es bereits und erkenne es nur nicht? Oder bin ich unfähig, meinen Platz und meine Aufgabe in der Welt zu finden?« Es scheint sich dabei um verschiedene Fragen zu handeln, doch in Wahrheit beziehen sie sich alle auf dasselbe Thema, nämlich das der Sinnfindung. Meine Unfähigkeit, eine Antwort zu finden, folterte mich zusätzlich; ich halte es im nachhinein für möglich, daß sie zumindest teilweise meine Panikzustände hervorgerufen hat. Bis zum heutigen Tag habe ich noch keine eindeutige Antwort auf diese Fragen gefunden, doch stehe ich ihnen gelassener gegenüber, sie quälen mich nicht mehr. Ich tue, was ich tun muß, und was ich tun muß, das will ich tun. Wenn ich merke, daß eine Veränderung angesagt ist, da mich eine Arbeit oder Verhaltensweise nicht mehr zufriedenstellt bzw. irritiert, gehe ich daran, sie zu verändern. Bei allem bin ich bemüht, den Gedanken der Liebe nie aus den Augen zu verlieren – und damit habe ich auch schon alle Hände voll zu tun.

Heute sehe ich das nicht mehr unbedingt so, doch damals dachte ich, daß es sich bei der richtigen Antwort nur um *eine* Sache handeln dürfte, *eine* Berufung – und daß diese deutlich erkennbar als Beruf gelebt werde müsse, so als gäbe es für jeden Menschen nur einen Grund, warum er geboren wurde. Ich fand jedoch immer mindestens *zwei* Dinge, von denen ich glaubte, daß ich sie tun müßte, wenn ich nicht am Sinn meines Lebens vorbeigehen wollte. Leider erfüllten mich diese Ideen dennoch nie mit genug Leidenschaft und Begeisterung, um sie konsequent zu realisieren.

Irgendwann verwandelte sich die Frage »Was *muß* ich tun?« in ein »Was *will* ich tun?«. Das scheint auf den ersten Blick nur ein winziger Unterschied zu sein, doch ich hatte das Gefühl, von einem ominösen, rätselhaften *ich muß*, das irgendwie von außen kommt, zu einem frei gewählten *ich will* gelangt zu sein, wobei im Endeffekt das Muß und das Will identisch sind. Ich glaubte zwar, mit dieser neuen Frage einen Schritt weitergekommen zu sein, doch auch jetzt fand ich noch keine zufriedenstellende Antwort. Abgesehen von der Gewißheit, *reisen* zu wollen – wenn auch mit der »Angst im Nacken«.

Und schließlich, als ich mich schon so mit meinem »Kreuz« identifiziert hatte, von dem ich glaubte, niemand außer mir müßte oder könnte es tragen; als ich glaubte, die Frage nach meiner Berufung, dem Sinn meines Lebens wohl nie beantworten zu können, da mir der Himmel eben keinen Lebenstraum gegeben hatte; als ich sicher war, dennoch den Feind, diese namenlose Angst, bis zum letzten Atemzug zu bekämpfen, bekämpfen zu müssen – brachte eine Reise die Erlösung. Weit weg von München, im Pineridge-Reservat in South Dakota, traf ich 1987 Godfrey Chips, einen Medizinmann der Lakota, mit dessen Hilfe ich die Angst besiegte und der mir ermöglichte, meine Furcht zu überwinden und wieder zu der Frau zu werden, die ich vorher gewesen war.

Das heißt, nicht ganz.

Als ich endlich wieder frei atmen konnte, als mein Herz wieder ruhig und gleichmäßig zu schlagen begann; als ich wieder aufrecht stehen konnte, die Füße sicher auf dem Boden, das Herz in der Mitte und den Kopf frei für neue Erfahrungen, als Lebensfreude und Zuversicht wieder zu mir zurückgekehrt waren – in diesem Augenblick erkannte ich, daß die Jahre des Leidens, dieser lange, dunkle Tunnel der Verzweiflung, die unzähligen Kämpfe ums nackte Überleben ein wunderbares, unerwartetes Resultat gezeitigt hatten: Die Wand zwischen mir und der Welt, so klar wie Glas, doch undurchdringbar, war verschwunden! Ich fand mich in derselben Welt wieder wie alle anderen Menschen, spürte, daß ich zu ihnen gehörte. Jetzt konnte ich ihre Ängste, Sorgen und Probleme nachempfinden. Als Folge davon hat sich ein tieferer Respekt vor meinen Mitmenschen, ein stärkeres Mitgefühl und Verständnis, als ich es je zuvor empfunden hatte, seitdem unverbrüchlich in meinem Herzen verankert. So als wären viele anstrengende Schritte notwendig gewesen, um meine Seele aus ihrer Isolation herauszuholen und sie einen kleinen, doch entscheidenden Schritt weiterzubringen. Und dafür bin ich dankbar – wenn ich auch hoffe, daß für weitere Fortschritte keine solchen Qualen notwendig sein werden. Sicher bin ich mir da allerdings nicht ... Mir scheint, daß unsere Seelen hin und wieder wie ein Diamant in heißem Feuer geschliffen werden. Was mich betrifft, habe ich erfahren, daß ich diesem Prozeß nicht ausweichen kann – und letzten Endes auch nicht ausweichen will.

Wenn ich mich heute allein fühle und die alte Angst aufzuflackern droht, weiß ich, daß andere Menschen die gleichen Ängste, Hoffnungen und Bedürfnisse haben wie ich. Ich weiß, daß wir alle miteinander verbunden sind; daß die Angst vor dem Leben, die sich oft als Angst vor dem Tod verkleidet, uns nichts anhaben kann, wenn wir einander in den dunklen Momenten zur Seite stehen, die unsere Seele hin und wieder auf dem Weg zur Liebe überwinden muß. Und ich weiß, daß es besondere Menschen auf der Welt gibt, die uns helfen können, wenn nichts mehr geht.

Einer von ihnen ist Godfrey Chips, der Mittelpunkt, die Ursache und hoffnungspendende Inspiration dieses Buches.

ZWEITES KAPITEL

VON MÜNCHEN NACH BERLIN

Abgesehen von diversen Reisen, lebten mein Sohn und ich seit 1979 allein in einer kleinen Wohnung im Münchner Vorort Haidhausen. Im Sommer 1986, nicht zuletzt aufgrund meiner häufigen Panikattacken, hatte ich vom Alleinleben genug. Ich wollte mit anderen Leuten zusammenwohnen; hoffte, daß es mir dann besser ginge. Wo und wie wußte ich allerdings nicht.

Im Dezember des gleichen Jahres bekam ich einen überraschenden Anruf aus Berlin. Es war Helga, eine alte Freundin, von der ich lange nichts gehört hatte. Früher eine bekannte Schauspielerin, hatte sie sich jedoch vom Filmgeschäft zurückgezogen und lebte nun in einer Wohngemeinschaft in Berlin. Ihre Einladung, über Weihnachten zu Besuch zu kommen, nahm ich gerne an.

Nach zwei Wochen in Berlin beschloß ich, das nebenliegende Appartement zu mieten, das erschwinglich, leerstehend und mit Helgas Wohnung durch eine Tür verbunden war. Ich fuhr zurück nach München, packte unsere Sachen, und zum Leidwesen meines Sohnes, der lieber in München geblieben wäre, zogen wir um nach Berlin – eine Tatsache, die er mir lange nicht verziehen hat.

Jetzt waren wir zwar nicht mehr allein, doch einfach war es in der neuen Umgebung deswegen für uns beide nicht. Die Panikattacken überfielen mich auch hier.

Zudem war Alexander unglücklich in seiner neuen Schule, und ich erkannte bald, daß Helga und ihre alternativen, No-future-Freunde, die alle kinderlos waren, weder ausreichend Geduld noch Verständnis für einen Zehnjährigen hatten. Deswegen gab es oft Auseinandersetzungen zwischen uns, und bald war mir klar, daß eine neuerliche Ortsveränderung notwendig war.

Gott sei Dank hatte ich gleich in den ersten Wochen in Berlin einen gutbezahlten Job gefunden. Und schon nach acht Monaten hatte ich genug Geld gespart für eine Reise, von der ich mir neue Inspirationen erhoffte. Alexander freute sich darauf, den Sommer bei seinem besten Freund in München zu verbringen, und ich wollte noch einmal für ein paar Wochen in die USA. Ich hatte mich zwar schon bei meinen früheren Reisen nach Amerika gefragt: Was willst du hier eigentlich? Wie wär's zur Abwechslung mal mit Südamerika, Australien, Indien? Doch irgendwas zog mich nach Amerika, als gäbe es da etwas, das ich finden mußte, bevor ich entweder ganz dort leben würde oder mich nichts mehr dahin zog. Denn abgesehen von der Begeisterung für die Weite und natürliche Schönheit des Landes schien ich nicht allzuviel mit den Amerikanern gemein zu haben – abgesehen von der kurzen Gemeinsamkeit mit Alexanders amerikanischem Vater. Und die lag schon Jahre zurück.

Doch hatte ich noch einen lieben Freund in Boston, Ron. Ihn rief ich also Mitte August '87 an und fragte, ob ich auf dem Weg nach Kalifornien bei ihm vorbeikommen könnte, wenn ich auch noch nicht genau wußte, wann das sein würde. »Natürlich. Jederzeit. Ich freue mich, dich mal wieder zu sehen«, sagte er. Ein paar Tage später rief er mich zurück und fragte: »Warum kommst du nicht gleich am 26. August? Dann hole ich dich in New York am Flughafen ab, und wir fahren zusammen nach South Dakota. Ich will dort ein *Vision Quest* machen. Der Medizinmann hat gesagt, es ist okay, wenn ich dich mitbringe.« South Dakota? *Vision Quest*? Medizinmann? Sofort fiel mir der Tag in Rom ein, als David die drei Indianer aus Arizona mitgebracht hatte, und ich erinnerte mich an einige flüchtige Begegnungen auf Flughäfen oder in der Lobby eines Hotels, wenn mir ein schönes indianisches Gesicht gefallen hatte. Obwohl ich keine Ahnung hatte, wovon er sprach, war mir sofort klar, daß ich am 26. August in New York sein würde.

DRITTES KAPITEL

DIE FAHRT NACH SOUTH DAKOTA

Ron hatte sich um eine Stunde verspätet, doch da die Einreiseformalitäten mich genau so lange aufgehalten hatten, kamen wir beide im selben Moment am vereinbarten Treffpunkt an. Glücklicherweise ließen die Panikzustände auf Reisen merklich nach, wenn sie leider auch nicht ganz verschwanden. Ich war froh, wieder in den USA zu sein. Nach einer stürmischen Begrüßung und dem Verstauen meines Gepäcks fuhren wir zum Haus seiner Großeltern in New Jersey, wo er vorübergehend wohnte.

Am Morgen des nächsten Tages kam Shabari Redbird Woman vorbei, Rons derzeitige Geliebte, ihre beiden fünf und zehn Jahre alten Söhne im Schlepptau. Er hatte mir schon von ihr erzählt und gemeint, daß wir mit ihrem alten Van nach South Dakota fahren würden, wofür wir ungefähr vier Tage bräuchten. Ron stellte uns einander vor, und als Shabari sicher war, daß sie nicht mit mir um Rons Zuneigung streiten mußte, war sie einverstanden, daß ich mitfuhr.

Als ich den alten Van sah, in dem wir drei Erwachsenen und die beiden Kinder die lange Reise zurücklegen würden, kamen mir allerdings die ersten Zweifel an diesem ganzen Unternehmen. Ich hatte es mir so schön vorgestellt, in einem bequemen Auto mit großen Fenstern und auf weichen Polstern durch die Landschaft gefahren zu werden. Dieser Van hatte zwar eine Frontscheibe und auch zwei kleine Seitenfenster, doch das war's auch. Da ich mit den Kindern mangels Rücksitzen im Fond des Wagens sitzen sollte, hieß das wohl, daß die herrliche Aussicht für mich gar keine sein würde. Ich beschwerte mich und war drauf und dran, nicht mitzufahren, als Shabari mir mit scharfer Stimme und ohne ein überflüssiges Wort klarmachte, daß diese Einladung gut gemeint und wahrscheinlich wichtig für mich sei und sie es daher für angebracht halte, wenn ich etwas bescheidener wäre und die angebotenen Möglichkeiten dankbar annähme. Ich habe schon immer Respekt gehabt vor klaren, direkten Äußerungen, vor allen Dingen, wenn sie sinnvoll sind. Ihre Worte erledigten das Thema Bequemlichkeit und brachten mich in die rechte Stimmung für diese Reise. In derselben Nacht verließen wir New York Richtung South Dakota.

Die Fahrt war lang und unerwarteterweise ein einziges Vergnügen. South Dakota ist ungefähr dreieinhalbtausend Kilometer von New Jersey entfernt. Ich hatte damals noch keinen Führerschein, also wechselten sich Shabari und Ron mit dem Fahren ab. Die beiden Jungs und ich saßen entweder im hinteren Teil des Vans, der mit Matratzen, Kissen und bunten Decken gemütlich eingerichtet war, oder vorne zwischen Shabari und Ron. Das Innere des Wagens roch wunderbar nach getrocknetem Salbei, Süßgras und sonstigem Räucherwerk, das wir hin und wieder verbrannten. Oder wir öffneten alle Fenster und ließen die würzigen Düfte der Felder und Wälder hereinströmen, an denen wir vorbeikamen.

Jeden Tag legten wir etwa 800 Kilometer zurück, bis wir in der Nacht des fünften Tages in South Dakota ankamen. In Anbetracht der Bedenken, die ich zunächst gehabt hatte, war es eine schöne Überraschung, wie unbeschwert und sorglos die Fahrt verlief. Wir hatten viel Freude miteinander, und – oh Wunder – sogar die Kinder waren gut drauf und nörgelten nie. Um Motelkosten zu sparen, hatten wir ausgemacht, daß Shabari, ihre Söhne und ich nachts im Auto schlafen würden und Ron im Schlafsack draußen. Jeden Abend, wenn es langsam dunkel wurde, suchten wir uns abseits der Straße ein schönes Fleckchen zum Parken.

Shabari war eine erfahrene Camperin und hatte alles dabei, was man zum Campen braucht, unter anderem einen Grill, Kerosin fürs Feuer, Töpfe, Besteck und Geschirr. Ich hatte nicht die geringste Erfahrung mit dieser Art des Reisens, war immer nur in Hotels oder bei Freunden abgestiegen. Doch nachdem ich den Gedanken akzeptiert hatte, daß ich für die nächsten Wochen weder ein breites Bett noch eine regelmäßige Duschgelegenheit haben würde, gefiel mir dieses Campingleben recht gut.

Unterwegs kauften wir Steaks und Hamburger zum Grillen ein, Kartoffeln, die in Folie gewickelt ins Campingfeuer gelegt wurden, und große Tüten Marshmellows, weiche, weiße Schaumbonbons, die wir auf lange Stöckchen spießten und über die Flammen hielten, bis sie sich in eine klebrige, herrlich duftende und köstliche Süßigkeit verwandelten. Dabei saßen wir auf Campingstühlen und Decken ums Feuer herum, schauten in den herrlich klaren, sternenübersäten Himmel hinauf, knabberten an den heißen Marshmellows, zählten die Sternschnuppen, die auf uns runterflogen, und wunderten uns über die vielen Dinge, die sich leuchtend zwischen den Sternen hindurch bewegten, wie Satelliten, Wetterballons und sonstige unbekannte Flugobjekte.

Morgens wachten wir immer schon früh mit den ersten Sonnenstrahlen auf. Nach der Katzenwäsche in einer kleinen Plastikschüssel – die den beiden Kids total überflüssig erschien – kochten wir Kaffe und bereiteten ein Frühstück zu, das wir mit Genuß verzehrten, bevor wir uns wieder auf den Weg machten.

Es war Ende August. Das spätsommerliche Wetter ließ nichts zu wünschen übrig. Die Tage waren nicht zu heiß, die Nächte angenehm mild, und kein einziges Mal regnete es. Oft verließen wir die Autobahn und fuhren statt dessen auf den Landstraßen, wo es meistens viel schöner war und auf denen uns zuweilen, vor allem in Indiana und schließlich in South Dakota, stundenlang kaum ein anderes Fahrzeug begegnete.

Von New York fuhren wir zunächst nach Pennsylvania, wo wir einen Abstecher zu den Amish People machten, die auch heute noch – allerdings vom Tourismus immer mehr in die Enge getrieben – so leben wie vor zweihundert Jahren. Es gibt weder Fernsehen noch Radio oder Telefon, keine Einkaufsparadiese wie sonst überall in den USA – und keine Autos. Sie wohnen in kleinen Dörfern, deren enge Straßen die tiefen Spuren der Pferdewagen zeigen, die von den Amish als einziges Verkehrsmittel benutzt werden. Wir wollten eines der Dörfer besuchen und fuhren langsam hinter einer schwarzen Kutsche her, die von zwei Pferden gezogen wurde. Auf dem Kutschbock saß ein bärtiger Mann, der in ein schwarzes Cape gehüllt war. Als er seinen Kopf zu uns umwandte, konnte ich seinem Gesicht ansehen, daß ihm das Eindringen von Touristen in seine ruhige Welt ganz und gar nicht recht war.

Das Dorf lag am Rande eines Waldes, und sein Anblick gab mir das Gefühl, in eine längst vergangene Zeit geraten zu sein. Wir hielten vor einem Haus aus rotem Ziegelstein. Im Vorgarten waren auf einem Tisch köstlich duftende Backwaren ausgelegt. Drum herum saßen ein paar Männer und Frauen, die uns entgegenlächelten. Die Frauen trugen alle lange Kleider, darüber Schürzen und Hauben, die Männer Stiefel, weiße Hemden mit weiten Ärmeln, Westen und helle Strohhüte. Ein paar Kinder, ebenso altmodisch gekleidet, spielten Ball auf der Straße – ein seltener Anblick in den USA. Die gebackenen Köstlichkeiten waren zum Verkauf angeboten. Als die Leute hörten, daß ich aus Deutschland war, schien sie das zu freuen. In einer Mischung aus Flämisch und Deutsch, die wie ein Dialekt klang, den ich nur mit Mühe verstand, fragten sie mich, wo ich herkam, wohin ich wollte und wann ich wieder zurückfuhr. Ich antwortete ihnen in Deutsch, und sie freuten sich, daß sie mich verstehen konnten. Die Heiterkeit dieser Menschen und die Sorglosigkeit der Kinder mit ihrem auffallend freundlichen und respektvollen Verhalten beeindruckten mich sehr.

Wir kauften ein paar Brote und einen Marmorkuchen. Dann verabschiedeten wir uns und verließen das Gebiet der Amish People, die es bis heute fertiggebracht haben, umgeben von den Annehmlichkeiten und Verlockungen Amerikas eine alte europäische Kultur und Tradition am Leben zu halten. Doch sieht es so aus, als seien die Tage ihres isolierten, behüteten Daseins gezählt und eine Assimilation in die Gesellschaft unvermeidlich, die ihr immer mehr auf die Pelle rückt.

Für diesen »kleinen« Umweg hatten wir einen halben Tag gebraucht. Und da es schon früher Abend war, suchten wir uns bald einen Rastplatz. Ron machte ein Feuer, Shabari und ich bereiteten das Essen zu, die Kinder tollten herum. Nach dem Essen saßen wir noch lange beieinander und erzählten uns Geschichten aus unserem Leben, bis die letzten Reste des Feuers verglüht waren.

Shabari Redbird Woman – so lautete ihr voller Name – mit ihren dunklen Augen und langen schwarzen Haaren sagte mir, sie sei zwar eigentlich keine Indianerin, doch habe sie sich schon immer zu ihnen hingezogen gefühlt. Sie war vor Jahren von einer indianischen Familie »adoptiert« worden, von der sie auch ihren neuen Namen bekommen hatte. Eine indianische Adoption bedarf keiner formellen oder juristischen Prozedur; sie ist eine Sache des Herzens und wird mit Worten und Umarmungen besiegelt. Ich selbst habe Jahre später auch das unerwartete Geschenk einer solchen »Adoption« bekommen, als ich im Zusammenhang mit dem Film »Dances with Wolves« in Rapid City, South Dakota war. Zusammen mit ein paar jungen Lakota, die in dem Film mitgespielt hatten, deren Familienangehörigen und einigen Pressevertretern war ich zu einer Vorführung des Films eingeladen worden, d. h. ich war zum richtigen Zeitpunkt am richtigen Ort, hörte zufällig von der Vorführung und versäumte nicht, meinen Presseausweis zu benutzen. Mit Erfolg.

Nach der Vorführung des Films im Versammlungssaal des Rathauses trafen wir uns alle in der Bar eines nahegelegenen Hotels. Im Laufe des Abends lernte ich die Familie der beiden jungen Darsteller kennen und unterhielt mich angeregt vor allem mit der Großmutter, einer faszinierenden Frau Mitte Sechzig. Wir mochten uns auf Anhieb, und sie bestand darauf, daß ich neben ihr saß. Bevor sich Stunden später unsere Wege trennten, schaute sie mich einen stillen Moment lang liebevoll an, reichte mir ihre Hand und sagte: »I am your friend.« Dann teilte sie mir mit, daß sie und ihre Familie mich »mit sofortiger Wirkung« adoptiert hatten. Einfach so. Ich war gerührt, überrascht und sprachlos. Die Vereinbarung wurde mit Umarmungen, guten Wünschen und Freudentränen besiegelt. Der Schwiegersohn machte Fotos von uns, und ich mußte versprechen, sie alle bald in Pierre, South Dakota, zu besuchen.

Obwohl ich Esther und ihre große Familie seitdem erst zweimal besucht habe – Pierre ist ziemlich weit weg vom Schuß – weiß ich, daß ich jederzeit willkommen bin. Ob es mir gut geht oder ob ich Probleme habe, ich gehöre zur Familie, und sie sind für mich da. Wenn ich sie besuche, muß ich mindestens ein paar Tage bleiben, wenn ich schon nicht gleich ganz nach Pierre übersiedle. Dann kommen die verheirateten Töchter und Söhne mit ihren Kindern vorbei, und selbst die Nachbarn schauen auf einen Sprung herein, um das durchreisende »Familienmitglied« zu begrüßen. Es wird gekocht und aufgetischt; ich muß berichten, was mir in der Zwischenzeit alles passiert ist, und erfahre, was es in der Familie Neues gibt. Und eins steht fest: in den indianischen Familien geschehen ständig aufregende, oft tragische, doch auch heitere Dinge, mehr als in den meisten nichtindianischen Familien, die ich kenne. Leid und Freude, Weinen und Lachen, Liebe und Haß liegen hier sehr nahe beieinander und werden mit Leidenschaft ausgelebt. Kommt dann der bittersüße Moment des Abschieds, werden die Tunkashilas um ihren Segen gebeten, und ich muß versprechen, sie nicht zu vergessen und bei nächster Gelegenheit wiederzukommen – dann aber länger zu bleiben, vielleicht ein paar Wochen oder Monate …

Shabari folgte ernsthaft und beflissen der *red road*;

alles in ihrem Leben drehte sich um indianische Lebensweise und Tradition. Aufgelockert allerdings durch regelmäßiges Einkommen, Wohnsitz außerhalb des Reservats und den gelegentlichen Gebrauch von Kreditkarten. Doch war sie vollen Herzens bei der Sache und hatte sich entschieden, selbst ein *Vision Quest* zu machen. Das hieß, sie würde drei Tage und drei Nächte ohne Wasser und Nahrung in einem eigens dafür ausgehobenen, ungefähr drei Meter breiten, eineinhalb Meter tiefen, mit Plastikplanen und Pinienzweigen überdachtem Erdloch auf dem Land der Chips-Familie verbringen, das schon seit langem von den Frauen für Vision Quests benutzt wird.

Ron berichtete von seiner ersten Begegnung mit Godfrey und dessem älteren Bruder Charles ein Jahr zuvor in New York. Sein Freund Andrew, der längere Zeit bei den Lakota gelebt hatte und mit einigen von ihnen noch in Kontakt stand, hatte ihn angerufen und gesagt, daß ein Medizinmann namens Godfrey Chips während einer *inipi*-Zeremonie in South Dakota von den Geistern angewiesen worden war, seine Zeremonien nach draußen zu tragen und auch Nicht-Indianern zugänglich zu machen. Dabei hatten ihm die Tunkashilas zwei junge Männer an der Ostküste angekündigt, mit deren Hilfe er die ersten *inipis* außerhalb des Reservats durchführen würde.

Sie hatten Andrew angerufen, der sich sofort mit Ron in Verbindung setzte.

Und so war Ron schließlich losgefahren, mit Shabari, ihren Söhnen und mir auf dem Weg zu Godfrey und zu seinem Vision Quest (*siehe ›Dritter Teil: Rons Geschichte‹*).

In dieser Nacht gingen wir erst spät schlafen.

Die Sonne stand schon hoch am Himmel, als wir uns am nächsten Tag wieder auf den Weg machten. Über Ohio fuhren wir nach Minnesota. Dort gibt es einen Steinbruch, das sogenannte »Pipe Stone Monument«. Nur hier finden die Lakota und andere nordamerikanische Indianer den roten Stein für die Herstellung ihrer Pfeifen. Ron wollte ein paar Steine mitnehmen und eine Pfeife als Geschenk für Godfrey kaufen.

Als wir den Steinbruch über eine schmale Brücke betraten, sah ich einen großen, unbehauenen roten Felsblock am Eingang, der eindeutig ein indianisches Profil hatte. Nicht von Menschenhand geschaffen, erweckt er unweigerlich den Eindruck, daß er diesen Ort beschützt, der den Indianern heilig ist.

Nachdem Ron und Shabari je eine Pfeife gekauft hatten, gingen wir zu unserem Van zurück und wollten weiterfahren. Als Ron jedoch den Zündschlüssel umdrehte, tat sich nichts. Kein Muckser, nichts. Bis hierher war der Wagen problemlos gelaufen, doch jetzt ging nichts mehr. Wir schauten uns einen Moment lang ratlos an, bevor Ron plötzlich eine Idee hatte und uns fragte: »Wer von euch hat einen Stein mitgenommen?« Ich verneinte, während Shabari und ihr älterer Sohn ein paar Steine in der Tasche hatten. Auch der kleine Peter zeigte seine Steinchen vor. Ron fragte, ob alle ein Tabakopfer hinterlassen hätten, was Shabari und Joshua bejahten, während der Kleine überhaupt nicht wußte, wovon die Rede war. Ron bestand darauf, daß wir alle noch mal aussteigen und sowohl ein Dankgebet als auch ein Tabakopfer für die Steine darbringen. Gesagt, getan. Und als wir uns wieder ins Auto setzten, sprang es sofort an und machte uns auch für den Rest der Reise keinerlei Schwierigkeiten mehr ... Wir verließen

Minnesota und fuhren zunächst durch Illinois, vorbei an der grandiosen Skyline von Chicago, dann weiter durch das endlos sich hinziehende, flache Iowa, bis wir schließlich am späten Abend des darauffolgenden Tages das Pineridge Reservat in South Dakota erreichten.

Doch dann wurde es schwierig.

Ron wußte zwar, daß das Land der Chips außerhalb von Martin, einer kleinen Reservatsstadt lag; wo genau, wußte er allerdings nicht. In Martin empfahl man uns, zunächst nach Wanblee zu fahren und dort nach dem Weg zu fragen. In Wanblee hieß es, daß das Anwesen der Chips nur über verschiedene ungepflasterte, achterbahnähnliche Straßen erreicht werden kann, die eigentlich breite Feldwege sind und die von den Lakota nicht selten als Rennstrecken benutzt werden, auf denen sie mit ihren alten, verbeulten Buicks, Oldsmobiles und Chevys entlangrasen – wenn sie nicht sowieso einfach querfeldein fahren. Diese ungepflasterten, staubigen Straßen werden nur in den seltensten Fällen von Wegweisern geschmückt, wie wir feststellen mußten. Bei den wenigen Häusern in der Gegend muß man die Leute fragen, wo jemand lebt und wie man zu ihm kommt. Dann heißt es, über den Hügel und beim zweiten Hochspannungsmasten links, über die kleine hölzerne Brücke, die hoffentlich den gestrigen Gewittersturm überstanden hat, und dann geradeaus auf die drei Hügel am Horizont zu, bis man rechts ein halb zerfallenes Tor sieht, da ist es dann. Als wir in Martin ankamen, war es schon dunkel. Wir erkundigten uns im einzigen Laden des Ortes nach dem »Landsitz« der Chips – wie sie es ironisch nennen –, doch kurze Zeit später mußten wir feststellen, daß wir uns trotz der verschiedenen Richtungansweisungen in der dunklen Nacht hoffnungslos verfahren hatten.

Zudem hatte Ron es sich in den Kopf gesetzt, auf dem Weg zu Godfrey einen Mann namens Orville Lookinghorse zu besuchen, den Hüter der heiligen Pfeife der Lakota. Wir hatten keine Ahnung, wo er wohnte, und niemand konnte oder wollte uns genaue Auskunft geben. Da es bereits dunkel war, beschlossen wir, auf einem Feld neben der Straße zu campen und am Morgen weiterzusuchen. Im Tageslicht würden wir ihn dann bestimmt finden.

Im frühen Morgengrauen des nächsten Tages wurden wir von dem Geräusch eines Trucks geweckt, der sich unserem Van näherte. Da wir auf einem Feld geparkt hatten, befürchtete Ron, daß es sich bei dem Fahrer um einen wütenden Rancher handelte, der uns mit vorgehaltenem Gewehr zum Weiterfahren auffordern würde. Doch als der Wagen näherkam und schließlich auf dem Weg neben uns parkte, saß hinterm Steuer kein wütender Farmer, sondern ein Indianer mit Hut und Adlerfeder dran. Er stieg aus und fragte Ron, wer wir seien und ob wir uns verfahren hätten. Ron erklärte ihm unsere Situation, daß wir Orville Lookinghorse suchten und keine Ahnung hätten, wo wir ihn finden könnten. Er fragte den Mann, ob er vielleicht wüßte, wo Lookinghorse wohnt. Er sagte, ja, das wisse er, und wir sollten ihm folgen.

In einer Staubwolke, die sein Truck aufwirbelte, folgten wir dem Mann, bis er vor einem kleinen Haus anhielt, das von Bäumen umgeben war. Er bedeutete uns, auszusteigen. Als Ron ihn fragte, ob Lookinghorse hier wohnte und zu Hause sei, antwortete der Mann: »Ja. Du sprichst mit ihm.« Ich war sprachlos. Wie hatte er gewußt, daß wir kommen würden, und wie hatte er uns gefunden?

Lookinghorse sagte, er habe in der Nacht zuvor geträumt, daß ein paar Leute auf dem Weg zu ihm waren und sich verfahren hatten. Daraufhin habe er sich am Morgen auf den Weg gemacht und uns ohne Schwierigkeiten gefunden ... Dieses Ereignis war für mich ein erstes beeindruckendes Beispiel dafür, wie sehr die Lakota mit der geistigen Welt verbunden sind, ihren Informationen vertrauen und ihnen folgen.

Wir blieben ein paar Stunden bei Orville Lookinghorse, tranken Kaffee und aßen Indian Frybread, eine Spezialität, die von allen Indianern in den USA geschätzt wird. Es handelt sich dabei um runde, in schwimmendem Öl gebackene Hefe-Brotfladen, die entweder mit Tomaten, gekochten Bohnen, Käse und scharfer Sauce belegt sind oder mit Honig und Puderzucker bestreut serviert werden.

Wir blieben den ganzen Nachmittag. Erst als die Sonne schon langsam hinter dem Horizont verschwand, fuhren wir weiter. Lookinghorse hatte Ron zwar den Weg erklärt und gesagt, es sei jetzt nicht mehr weit, doch dauerte es trotzdem fast zwei Stunden, bis wir den Eingang zum Land der Chips-Familie fanden. Plötzlich sahen wir ein hölzernes Gatter, das mitten in der schon dämmerigen Landschaft stand und mit Büffelhörnern und bunten Stoffetzen geschmückt war. Wir fuhren durch das Tor und einen Weg entlang, der tiefe, schlammige Radspuren aufwies, in denen noch das Wasser eines Regenschauers stand, von dem wir allerdings nichts mitgekriegt hatten.

VIERTES KAPITEL

AUF DEM »LANDSITZ«
DER CHIPS-FAMILIE

Es war inzwischen stockfinster, abgesehen vom Blinken der unzähligen Sterne, und ein warmer Wind wehte über das Land. Wir parkten das Auto und stiegen vorsichtig aus. Nachdem meine Augen sich an die Dunkelheit gewöhnt hatten, erkannte ich in einiger Entfernung zwei Gebäude. Aus dem Inneren des größeren Hauses, das entweder keine Fenster oder keine einzige Lichtquelle hatte, denn es lag vollkommen im Dunkeln, erklang ein· so lautes Trommeln, vielstimmiges Schreien und Singen, daß mir eine Gänsehaut über den Rücken lief. Aus dem kleineren Haus daneben drang weder Licht noch schien irgend jemand da zu sein. Ein paar Meter enfernt davon stand ein alter Wohnwagen, der vor sehr langer Zeit sicher mal bessere Tage gesehen hatte und hinter dessen Fenstern zu meiner Erleichterung ein schwaches Lichtschimmer zu sehen war. Die Dunkelheit, der Wind, der mir um die Ohren pfiff, und das Trommeln hatten mir das Gefühl von etwas Unheimlichem gegeben, das hier wohl vor sich ging. Mit schützend vor der Brust verschränkten Armen und mich fragend, warum um Himmels willen ich mich bloß auf diese Reise gemacht hatte, ging ich hinter Ron und Shabari auf den Wohnwagen zu. Eine junge Frau öffnete die Tür und kam uns entgegen. Sie begrüßte uns freundlich, nannte uns ihren Namen, Joy, und erklärte, daß das Trommeln und Singen Teil einer *yuwipi*-Zeremonie sei, bei der außer ihr alle Familienmitglieder anwesend waren. Sie bat uns einzutreten und bot uns Kaffee an, der so stark war, daß ich sicher war, die ganze Nacht kein Auge zumachen zu können. Sie erklärte uns, daß es einen Krankheitsfall in der Familie gab und daher eine Heilungszeremonie abgehalten wurde, die aber bald beendet sein würde. Wir könnten entweder schlafengehen oder aber warten, bis die Zeremonie vorüber war. Die Kinder waren müde, also richteten wir bald im hinteren Teil des Vans einen Schlafplatz für sie ein, während Ron, Shabari und ich auf das Ende der Zeremonie warteten.

Irgendwann verebbte das Trommeln und Singen. Statt dessen hörte ich nach einem Moment absoluter Stille unerwartet zuerst das ansteckende Lachen eines Mannes und bald danach vielstimmiges Lachen und Reden aus dem dunklen, unheimlichen Haus. Joy sagte uns, daß das *yuwipi* beendet sei und jetzt alle das vorher zubereitete Festmahl aßen.

Bald ging die Tür des Wohnwagens auf, und herein kamen mehrere Leute. Allen voran eine alte Frau mit einem von unzähligen Falten durchzogenen, freundlichen Gesicht, in dem zwei wache, klare Augen glänzten. Auf den ersten Blick empfand ich ein Gefühl der Zuneigung und des Respekts vor ihr und einem ebenso alten Mann, der ihr folgte und der, wie sich bald herausstellte, ihr Ehemann war. Den beiden folgten zwei langhaarige Männer in Jeans und T-Shirts, offensichtlich Lakota, eine junge Indianerin und ein ungefähr zehnjähriger Junge. Sie standen herum oder setzten sich hin, wo gerade Platz war. Für die beiden alten Leute wurden sofort zwei Stühle bereitgestellt. Es waren Victoria

Chips, Godfreys Mutter, die von allen nur »Grandma« genannt wird, und ihr Mann Ellis, der kein Wort Englisch sprach, dafür aber um so lieber mit der Fliegenpatsche vor allem den anwesenden Frauen gerne eins hinten drauf klopfte. Das tat er aber nur ganz leicht und mit soviel heimlicher Freude, daß ihm das niemand übelnahm. Die beiden Männer waren Godfreys Brüder Charles und Philipp, die junge Frau war Godfreys 15jährige Tochter Hope. Der Junge hieß Ben und war Godfreys ältester Sohn.

Wir stellten uns vor und wurden von allen freundlich willkommen geheißen. Zur allgemeinen Erheiterung berichteten wir von unseren Verirrungen auf dem Weg hierher und davon, wie plötzlich Orville Lookinghorse aufgetaucht war und Ron zunächst befürchtet hatte, es mit einem wütenden Rancher zu tun zu haben, der uns mit vorgehaltenem Gewehr von seinem Land vertreiben wollte. Das Lachen wollte schier kein Ende nehmen. Im Laufe der nächsten Wochen habe ich oft gesehen, wie schnell und gern die Lakota lachen – über sich selbst und über andere. Doch immer so, daß man das Lustige in den eigenen Handlungen sehen kann, ohne sich verletzt zu fühlen.

Lange saßen wir so zusammen und lernten einander kennen. Doch irgendwann überfiel mich trotz des starken Kaffees die Müdigkeit. Grandma hatte das offenbar bemerkt, denn sie stand auf, nahm mich an der Hand, und trotz meiner zaghaften Proteste bestand sie darauf, daß ich diese erste Nacht in dem kleinen Holzhaus schlafe, das sie mit ihrem Mann bewohnte. Das Haus bestand aus einem einzigen Raum, in dem die beiden seit einem halben Jahrhundert lebten und ihre fünf Kinder großgezogen hatten. Drinnen war es wunderbar heimelig. Es duftete nach Zedernholz, Salbei und verschiedenen anderen Kräutern, die zusammengebündelt zum Trocknen von den Deckenbalken hingen. Im hinteren Teil des Raumes standen zwei schmale, niedrige Betten, in denen die beiden Alten schliefen, und nahe beim Eingang war ein altes Sofa, das Grandma nun mit Kissen und Decken zu einem bequemen Nachtlager für mich herrichtete.

Meine Mutter starb, als ich elf Jahre alt war. Seitdem hatte ich mich nie mehr so umsorgt und beschützt gefühlt wie in dieser Nacht in Grandma Chips' Haus. Als ob sie gewußt hätte, daß mir manches Mal immer noch meine Mutter fehlte und sie mir eine Nacht das Gefühl des Behütetseins schenken wollte, das ansonsten eben nur die eigene Mutter einem vermitteln kann. Ich zog Schuhe und Kleid aus und legte mich hin. Grandma kam, deckte mich zu und wünschte mir gute Träume, bevor sie sich selbst zu Bett begab. Mit dem wohltuenden Gefühl, nach einer langen Reise heimgekommen zu sein, und den leisen Geräuschen der beiden Alten im Hintergrund, eingehüllt von den würzigen Düften im Raum und von der ungeheuren Stille, die draußen herrschte, schlief ich bald wie in einer längst vergangenen Zeit behütet und friedlich ein.

Fünftes Kapitel

Meine erste Begegnung mit Godfrey

Als ich am nächsten Morgen aufwachte, hatte Grandma bereits das Frühstück bereitet, das ich mit großem Appetit verzehrte. Ich bedankte mich für ihre Gastfreundschaft, bevor ich rausging, um nachzusehen, ob meine Freunde schon wach waren. Wie schön es jetzt im Tageslicht war! Die Sonne schien strahlend von einem weiten, tiefblauen Himmel, warmer Wind blies süße Sommerdüfte über die sanft rollenden Hügel der endlosen Prärie. Tief atmete ich die milde Luft ein. Was für ein wunderbarer Ort! Die Stille und Schönheit, die mich umgaben, erfüllten mein Herz.

Ich schaute mich um und sah den Wohnwagen, der im Sonnenlicht noch mitgenommener aussah, doch gleichzeitig einladend. Die Tür stand offen, und das Aroma frischgebrühten Kaffees stieg mir in die Nase. Starker Kaffee, schwarz getrunken, ist eines der Hauptnahrungsmittel im Reservat, wie ich bald herausfand. Genauso wie Brot, das alle zwei Wochen mehr aus Backpulver als aus Mehl besteht, was zwar nichts an seinem köstlichen Geschmack ändert, aber viel an seiner guten Verträglichkeit. Der Grund dafür liegt darin, daß es im Reservat praktisch nichts zu kaufen gibt und der nächste größere Laden mehr als eine Autostunde entfernt ist. Und selbst wenn jemand hier draußen einen funktionsfähigen fahrbaren Untersatz hat, in dem noch ein paar Liter Benzin drin sind, hat er nicht unbedingt das Geld, um einzukaufen. Alle zwei Wochen kommen daher weiße Regierungs-Trucks in die kleinen Reservatsstädte, die den Eindruck erwecken, als hätte ein gelangweilter Beamter die dürftig aussehenden Häuser im Sozialbaustil, bar jeglichen Komforts und kaum isoliert, wahllos in der Gegend verstreut. Nicht ein Baum schmückt die unebenen Straßen, es gibt keine Wiese, keine Gärten. Nur diese Häuser, in denen die Menschen wohnen, auf den Straßen schmuddelige, spielende Kinder und Hunde mit eingezogenen Schwänzen, die winselnd davonlaufen, wenn man sich ihnen nähert. Jobs gibt es so gut wie keine; die meisten Lakota leben von der Wohlfahrt. Das gilt auch für Godfrey und seine umfangreiche Familie.

Diese Trucks bringen also die Nahrungsmittel, von denen sich ein ganzes Volk ernährt. Alles ist in weißen Dosen oder weißen Plastiksäcken verpackt, von gekochtem Fleisch über Kaffee, Zucker und Trockenmilch bis hin zu Margarine, Öl und Babynahrung. Wie nahrhaft diese Lebensmittel sind, ist eine andere Frage. Meistens sind die Vorräte verbraucht, bevor zwei Wochen später der nächste Truck kommt. Und da es nur einen kleinen Laden in Wanblee gibt, eine umgebaute Garage, wo man neben Benzin ein paar Nahrungsmittel kaufen kann – allerdings meistens nicht die, die man braucht – liegt es an den Frauen, einfallsreich zu sein bei der Zubereitung der Mahlzeiten. In solchen Momenten greifen sie zum Backpulver und ähnlichen Delikatessen, wie z. B. dem starken Kaffee, der den ganzen Tag lang auf dem Ofen vor sich hin köchelt. Der Satz wird nur alle paar Tage weggeworfen; in der Zwischenzeit kommt immer mal wieder ein wenig frischer Kaffee hinzu, bis er so stark ist, daß beinahe ein Löffel darin stehen kann. Ron, Shabari und ich fuhren später öfters zum Einkaufen in die nächstgrößere Stadt, doch immer wieder erreichten wir den Augenblick, an dem es nur noch Backpulver-Brot gab. Denn jedem Besucher, der vorbeikommt, wird sofort Kaffee und etwas zu essen angeboten. Und vor allem ein Medizinmann hat zuweilen eine Menge Besucher.

Ich ging also gerade auf den Wohnwagen zu, als mir ein Mann entgegenkam, den ich vorher noch nicht gesehen hatte. Er war ungefähr einen Meter siebzig groß und kräftig gebaut. Er hatte lange schwarze Haare, einen kleinen Schnurrbart, und hinter seinen Brillengläsern lächelte mir ein Paar leuchtender dunkler Augen freundlich entgegen. Er stellte sich vor. Sein Name war Godfrey Chips, der Medizinmann, von dem Ron mir erzählt hatte. Einen Moment lang betrachtete er mich aufmerksam, bevor er mich fragte, wer ich sei und woher ich käme. Ich sagte es ihm. Dann lud er mich ein, ihm zu folgen. Wir betraten den Wohnwagen. Hinter einem Vorhang gab es einen kleinen, abgetrennten Bereich, der dem Mann als Schlafraum diente. Es war so eng dort, daß außer dem Bett und einem alten Stuhl, über dessen Lehne ein paar Kleidungsstücke hingen, nichts darin Platz hatte. Doch auf dem Bett lag eine herrliche, bunte Patchworkdecke, die den ganzen Raum mit ihrer Farbenpracht auszufüllen schien. Sie war weißgrundig, am Rand mit blauen und türkisfarbenen Bändern eingefaßt, und in der Mitte war ein vielfarbiger, sechseckiger Stern aufgenäht. Ein Ausruf der Überraschung entfuhr mir. Godfrey schaute mich mit einem Lächeln an und fragte mich, ob mir die Decke gefiele. Als ich das begeistert bejahte, sagte er: »Nimm sie. Sie gehört dir.«

Eine Welle der Freude durchfuhr mich; ich hatte das Gefühl, noch nie zuvor ein so schönes, von Herzen kommendes Geschenk erhalten zu haben. Einen Moment lang schaute ich Godfrey fragend an, dann nahm ich mit einem Lachen die Decke vom Bett und preßte sie an mich wie ein geliebtes Wesen.

In diesem Moment verschwand auch der letzte Rest von Argwohn, der sich noch in irgendeinem Winkel meiner Seele gehalten hatte. Ich wußte, daß mir hier draußen nichts Schlimmes widerfahren würde.

Wir traten wieder hinaus und setzten uns auf einen Holzbalken vor dem Wohnwagen. Godfrey erzählte mir, daß seine Familie schon seit mehreren Generationen auf diesem Stück Land lebte, doch daß abgesehen von seinem ältesten Sohn Ben und seiner Tochter Hope die meisten seiner zehn Kinder mit ihrer Mutter in Wanblee wohnten. Er selbst war meistens hier draußen, weil er in dem Haus neben seinem Wohnwagen Zeremonien für die Leute durchführte, so wie es schon sein Großvater und Urgroßvater getan hatten. Er sagte mir, daß er niemanden abwies, der ihn um seine Hilfe bat und der bereit war, bestimmte Vorbereitungen durchzuführen; daß die Zeremonien sein Leben seien, der Grund für seine Existenz, und daß es für ihn undenkbar ist, jemandem seine Hilfe zu versagen. Aufmerksam hörte ich ihm zu, wenn ich auch nicht wußte, wie er die Leute von ihren Krankheiten oder Problemen mit seinen Zeremonien heilen konnte. Doch wußte ich, daß ich in Godfrey Chips einen Freund gefunden hatte.

Ich brachte die Decke ins Auto und schaute mir die Umgebung genauer an. Das ominöse Haus, aus dem in der vergangenen Nacht das Trommeln und Singen erklungen war, wirkte im Tageslicht wesentlich kleiner. Es war aus Holz gebaut, und seine Fenster mit Brettern zu-genagelt. Gleich daneben befand sich eine halbrunde, mit Decken bedeckte Konstruktion, die Schwitzhütte. In einiger Entfernung hinter der Hütte, halb versteckt von Bäumen, standen zwei größere, doch genauso be-dürftig aussehende Wohnwagen und einige schuppen-ähnliche Gebilde, die aus Zweigen und Ästen zusam-mengesetzt waren und in denen Holz und Kräuterbün-del aufbewahrt wurden. Wie ich bald herausfand, gab es weder Elektrizität noch Telefon oder fließendes Was-ser hier draußen. Statt dessen befand sich am Rand des Grundstücks ein steinerner Ziehbrunnen mit einer dicken, rostigen Eisenpume, aus dem die Chips seit je-her das Wasser zum Trinken, Kochen und Waschen her-aufpumpen.

Was die sanitären Einrichtungen betraf, beschränkten sich diese auf ein sogenanntes »Outhouse«, ein etwas abseits gelegenes Bretterhäuschen, das zwei Personen und leider auch unzähligen Fliegen gleichzeitig Platz bot. Das war ein wenig gewöhnungsbedürftig, und es war mir recht, daß – von einer Ausnahme abgesehen – im-mer nur einer auf einmal dieses Örtchen heimsuchte …

Sechstes Kapitel

Zum ersten Mal in der Schwitzhütte

Bald waren Ron, Shabari, ihre Söhne und ich in den täglichen Familienablauf integriert, ob es sich dabei um Kochen, Geschichtenerzählen, gemeinsamen spielerischen Zeitvertreib oder die vielfältigen Vorbereitungen für Godfreys Zeremonien handelte.

Unter anderem mußte eine neue Schwitzhütte gebaut werden, da die alte in Anbetracht der vielen Besucher in diesem Sommer zu klein geworden war. Lavasteine mußten herbeigebracht werden, da nur sie im Feuer rotglühend erhitzt werden können, ohne daß sie zerplatzen – und das in einer Gegend, in der es keine Vulkane gibt. Doch wenn Godfrey und sein Bruder Charles losfuhren, kamen sie immer mit vielen großen Lavasteinen zurück; auf meine Frage, wo sie diese *stone people* gefunden hatten, lächelten sie vielsagend, doch verrieten es nie.

Ein anderes Mal mußten große Mengen Salbei gepflückt und kleine Äste des *choke cherry*-Baumes gesammelt werden, beides wichtige Bestandteile der Zeremonien. Einmal fuhr ich mit Charles in seinem verbeulten alten Buick los, um Salbei zu holen. Er nahm nicht die Straße, sondern fuhr, so schnell es der Buick erlaubte, querfeldein durch die Prärie, bis wir an einen kleinen Hügel kamen, wo es viele Salbeibüsche gab. Wir stiegen aus. Schweigend schaute Charles sich um und ging dann auf einen großen Salbeistrauch zu. Er blieb davor stehen, und ich sah, wie sich seine Lippen bewegten. Offenbar sprach er mit dem Strauch oder betete. Einen Moment später nahm er einen Tabakbeutel aus seiner Hosentasche und streute ein wenig von dem Tabak auf die Erde rund um den Strauch herum. Dann wandte er sich ab und ging auf einen anderen Busch zu, von dem er mehrere Äste abbrach. Er winkte mich zu sich heran und sagte mir, daß er zunächst den »König« der Salbeisträucher an dieser Stelle ausfindig gemacht und ihn gebeten habe, ein paar Äste Salbei nehmen zu dürfen. Daraufhin hatte er den Tabak als Dank dargebracht, bevor er anfing, Äste von dem anderen Strauch zu brechen. Er forderte mich auf, das gleiche zu tun und gab mir eine Prise Tabak. Das erinnerte mich sofort an den Moment beim Pipestone Monument, als der Van nicht anspringen wollte und erst nach einer Geste des Dankes anstandslos weiterfuhr. Wir sammelten soviel Salbei, wie wir brauchten, und fuhren zurück. Mir gefiel diese Art des Austausches; sie erschien mir einleuchtend und angebracht. Seitdem habe ich immer ein Päckchen Tabak bei mir, und so manch Vorbeigehender mag sich wohl schon gewundert haben, wenn er sah, wie ich Tabak auf den Boden streute und gleich danach ein paar Blumen pflückte ...

Alles war neu und ungewohnt für mich, die Menschen, das Land, die Verrichtung der alltäglichen Notwendigkeiten. Und ich hatte nicht eine einzige Panikattacke.

Ein paar Tage nach unserer Ankunft erschien eine fünfköpfige Familie aus Massachusetts. Grandma sagte uns, daß sich das zweijährige Töchterchen seit seiner Geburt in einem Zustand unerklärlichen Terrors befand. Es ließ nur die Mutter an sich heran, selbst der Vater und die Brüder durften sich ihr nicht ohne weiteres nähern. Ein Fremder brauchte die Kleine nur anzuschauen, um den nackten Horror in ihr auszulösen. Dann rannte sie die paar Schritte zu ihrer Mutter, in deren Nähe sie sich stets aufhielt, preßte ihren Kopf ins Kleid der Mutter und schrie so gequält und herzzerreißend, daß einem die Haare zu Berge standen. Die Eltern waren in der Hoffnung gekommen, daß Godfrey ihrer Tochter mit einer *yuwipi*-Zeremonie die Panik aus der Seele nehmen könnte.

Und so geschah es.

Nach der Zeremonie, als das Kerosinlicht wieder angezündet wurde, sah ich eine freudestrahlende Mutter, auf deren Schoß sich ein kleines Mädchen gekuschelt hatte, das mit großen wachen Augen um sich blickte und jeden von uns lächelnd anschaute. Mir kamen die Tränen vor Freude über dieses Wunder, das in weniger als zwei Stunden eine Seele von ihrer Angst erlöst hatte ...

Dennoch verstand ich nicht, warum Godfrey sich am nächsten Morgen, als ich auf dem Weg zum Brunnen war, zu mir gesellte und meinte, er könnte auch eine Zeremonie für mich abhalten, wenn ich das wollte. Ich wußte nicht, wie ungewöhnlich dieses Angebot war; erst später erfuhr ich, daß man normalerweise an Godfrey herantritt, wenn man eine Zeremonie haben möchte, und Godfrey darum bittet, sie durchzuführen.

Ich fragte mich, warum er mir wohl dieses Angebot machte? Ich hatte nicht das Gefühl, krank zu sein und seine Hilfe zu brauchen. Wie man sich sogar an jahrelange quälende Panikattacken gewöhnen kann, bis man sie schließlich als einen unabänderlichen Teil von sich selbst hinnimmt, ist schon erstaunlich ... Nicht eine Sekunde lang kam mir der Gedanke, daß Godfrey derjenige sein könnte, mit dessen Hilfe ich meine Angst loswerden würde. Selbst nachdem ich Zeuge der wunderbaren Heilung des kleinen Mädchens geworden war, sah ich den Zusammenhang nicht. Darüber hinaus hatte die Häufigkeit der Attacken nachgelassen, wie immer, wenn ich auf Reisen war; sie stellten also im Moment nicht so ein dringendes Problem dar.

Da ich aber von seinem freundlichen Angebot berührt war, wollte ich ihn nicht einfach abweisen. Ich schlug ihm vor, eine Zeremonie für meinen Sohn zu sponsern. Er war in München bei Freunden, und ich dachte, es kann nicht schaden, wenn Godfrey mit den Geistern kommuniziert und dabei etwas Gutes für Alexander herauskommt, vielleicht ein Segen oder eine wichtige Information, die ihm von Nutzen sein wird. Godfrey meinte, sicher, das wäre schon möglich, aber er würde wirklich gerne eine Zeremonie für mich durchführen. Warum und wieso, sagte er mir nicht.

Wenn ich heute an meine Reaktion zurückdenke, schäme ich mich fast ob meiner Naivität und Ignoranz. Gott sei Dank störte Godfrey und die *Tunkashilas* meine Begriffsstutzigkeit nicht, wie ich bald feststellen durfte.

Als er sein Angebot am Abend noch einmal wiederholte, stimmte ich schließlich zu. Er sagte, daß er zwei Tage später eine *five stick*-Zeremonie für mich durchführen würde. Bis dahin hätte ich genügend Zeit, mir eine Frage für die *Tunkashilas* zu überlegen und die erforderlichen Vorbereitungen für die Zeremonie zu treffen. Grandma würde mir alles Nötige zeigen.

Das tat sie auch. Als erstes sagte sie, ich müsse 405 *tobacco ties* knüpfen. Die Zutaten – Tabak, Stoff und Schnur – fehlten mir, doch Grandma hatte genug davon und gab mir alles, was ich brauchte. Für die Anfertigung der *tobacco ties* nimmt man kleine, viereckige Stücke Baumwollstoff in den Farben Rot, Gelb, Weiß oder Schwarz, die man mit einer Prise Tabak füllt, zusammenlegt und an einer Baumwollschnur befestigt, bis eine Art Kette entsteht. Sie sagte mir, es sei wichtig, daß ich in jedes dieser kleinen Tabaksäckchen ein von Herzen kommendes Gebet und gute Gedanken hineinlege. Damit wir ungestört blieben, zogen wir uns in ihr kleines Haus zurück. Dort setzten wir uns auf den Fußboden, und sie zeigte mir, wie man diese kleinen Beutelchen mit Tabak anfertigt. Eine kniffligge Sache, bis man den Dreh einmal heraushat. Für 405 *ties* braucht man ein paar Stunden, selbst wenn man zu zweit daran arbeitet. Im Haus war es still, und meistens war jeder von uns in seinen eigenen Gedanken und Gebeten versunken. Doch hier und da legten wir eine Pause ein, und Grandma erzählte mir Geschichten aus ihrem Leben. Zum Beispiel von den beiden Geistern, die das Land der Chips beschützen. Einer ist groß und breitschultrig, der andere klein und schmal. Beide sind Ringer, auch wenn man es dem kleineren nicht ansieht, und sie lieben es, wenn man Kaugummi für sie bereitlegt, den sie sich nachts abholen. Grandma sagte, daß sie diese beiden wohlmeinenden Geister schon oft mit eigenen Augen gesehen und mit ihnen gesprochen habe.

Jahre später, als ich Ron McCabe für dieses Buch interviewte, erzählte er mir, daß er ihnen bei seinem Vision Quest auf Eagle Nest Butte auch begegnet sei (*siehe ›Dritter Teil: Rons Geschichte‹*).

Nachdem wir alle 405 *tobacco ties* für die *five stick*-Zeremonie und 50 für das vorausgehende *inipi* fertig und in einen Ball zusammengerollt hatten, ging ich daran –

wieder mit Grandmas Hilfe – ein *feast* vorzubereiten, ein Festessen für alle, die an der Zeremonie teilnehmen würden.

Grandma meinte, ich sollte am besten einen Eintopf mit Gemüse und Büffelfleisch kochen. Wir hatten zwar Mais und Kartoffeln, doch kein anderes Gemüse und erst recht kein Büffelfleisch. Es war früher Nachmittag, und Godfreys Bruder Philip erklärte sich auf meine Bitte bereit, mit mir nach Martin zu fahren, wo es solche Köstlichkeiten gab. In seinem alten Chevvy ging es quer über die Prärie. Es gab zwar auch die ungepflasterte Straße, auf der wir gekommen waren, aber Philip zog wie sein Bruder Charles das Querfeldeinfahren vor. Und zwar so schnell, wie es der Chevvy und das hügelige Terrain zuließen. Mit einer riesigen Staubwolke hinter uns fuhren wir so bis zu der Landstraße, die nach Martin führte. Von da an hielt sich Philip an die Straße, wenn auch nicht an die Geschwindigkeitsbegrenzung. Doch kamen wir heil in Martin an.

Ein paar Jahre später sollte Philip auf dieser Straße einen Unfall haben, den er zwar überlebte, der ihn jedoch an den Rollstuhl fesselte. Nach mehreren Heilungszeremonien mit Godfrey war er irgendwann so weit wiederhergestellt, daß er sich erneut hinters Steuer setzen konnte. Leider hatte er auf derselben Straße kurz danach einen zweiten Unfall, der ihn das Leben kostete. Philip war der wichtigste Helfer seines Bruders in den Zeremonien. Seine Demut, Hingabe und Direktheit einerseits wie auch der tiefe Schmerz und Zorn, den er wie viele Indianer in seinem Herzen trug und nie verbergen konnte, machten ihn mir unvergeßlich. Ich bin froh, daß ich ihn kennenlernen durfte. Wo immer er ist, ich hoffe, daß es ihm gutgeht, daß er umgeben ist von sanften, liebevollen weiblichen Wesen und frei von ihm aufgezwungenen Gesetzen seine Seele fliegen lassen kann.

In Martin bekamen wir Büffelfleisch, Lauch und Kartoffeln für den Eintopf, außerdem Weißbrot und Limonadenpulver. Da zu einem *feast* auch ein Dessert gehört, kaufte ich einige Packungen Yello, eine Art Wackelpudding, und einen Behälter Sahne, die gar keine war, sondern ein Sojabohnenprodukt, das zwar wie Sahne aussah, doch völlig anders schmeckte.

Morgen abend sollte die Zeremonie stattfinden. In Godfreys Wohnwagen gab es eine Kochgelegenheit, und dort bereiteten Grandma, Hope und ich am Nachmittag dieses für mich besonderen Tages das Essen zu. Derweil kümmerten sich die Männer um das Feuer, in dem die Steine für die Schwitzhütte erhitzt werden sollten.

Kurz nachdem die Sonne hinter den Hügeln untergegangen war und der Himmel noch in einem Farbenrausch vom zartesten Lavendel bis zum tiefsten Rot glühte, hatte ich mit Hilfe von Grandma und Hope alle Vorbereitungen – von den 405 *tobacco ties* bis zur Zubereitung des Essens – fertig.

Das Feuer in der Grube neben der Schwitzhütte brannte lichterloh. Das *inipi* ist sowohl Vorbereitung für die verschiedenen Zeremonien als auch eine Zeremonie für sich, die zwei Funktionen hat: sie reinigt Körper *und* Seele. Seit wir angekommen waren, hatte es jeden Abend Schwitzhütten-Zeremonien gegeben, an der jedoch nur die Männer teilnahmen. Einmal war ich allerdings nahe genug herangegangen, um die rotglühenden Steine zu sehen, die in die kleine Hütte gebracht wurden, und die Schwaden dichten Dampfes, der

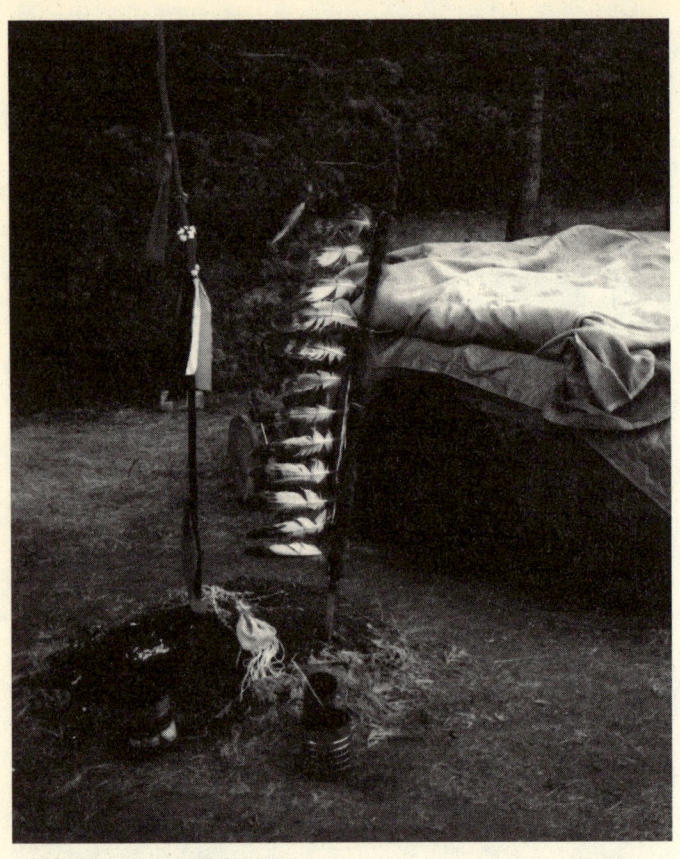

Schwitzhütte (sweat lodge)
© John R. Lawrence MA, Seattle, WA, USA

ihr entwich, sobald die Decke vor dem Eingang einen
Moment gelüftet wurde. Aus dem Inneren der Hütte
hörte ich lautes Beten, Schreien und Singen, und ich
war überzeugt, daß eine Teilnahme an dieser Prozedur
eine selbstauferlegte Tortur sei, die ich gerne vermeiden würde ...

Doch nachdem die Männer ihr *inipi* beendet hatten, rief Grandma die Frauen zusammen. Hinter einem provisorischen Vorhang aus Decken neben der Hütte zogen wir uns aus und wickelten uns in die mitgebrachten Handtücher, bevor wir auf Händen und Knien das *inipi* betraten. Der Eingang ist sehr niedrig, und selbst an seiner höchsten Stelle mißt es kaum anderthalb Meter. Die Tatsache, daß man nur auf Knien hineingelangt, bereitet die Teilnehmer auf die demütige Geisteshaltung vor, die man in dieser gebärmutterähnlichen, warmen Höhle einnehmen sollte, um eine wirkliche Reinigung von Körper und Geist zu ermöglichen.

Grandma hatte mir angeboten, links von ihr Platz zu nehmen, gleich neben der Öffnung. So hatte ich das Gefühl, notfalls schnell raus zu können, sollte mich die Panik überfallen. Außerdem sagte Grandma mir, daß ich im Notfall mein Gesicht auf den Boden legen sollte; dort sei es immer etwas kühler. Ich könnte durch die Erde atmen und wäre dann in der Lage, durchzuhalten.

Trotzdem hatte ich noch Bedenken, ob so ein *inipi* das richtige für mich war, als ich hinter Grandma in die Hütte kroch. Doch war ich offenbar die einzige, der das *inipi* unheimlich war; die anderen Frauen konnten es kaum erwarten, hineinzugehen, die Decken vor dem Eingang herunterzulassen und mit der Zeremonie zu beginnen. Sie alle hatten schon an vielen Schwitzhütten-Zeremonien teilgenommen, während es für mich das erste Mal war. Hinzu kam die »Angst vor der Angst«. Bis jetzt war ich zwar hier draußen von den scheußlichen Panikattacken verschont geblieben, doch war ich mir der Möglichkeit bewußt, daß sie jeden Moment zuschlagen konnten. Alles, was mir als physisch extreme Belastung erschien, ließ mein Herz vor Angst schneller schlagen – und dazu hatte in den letzten Jahren sogar das Treppensteigen gehört, wobei ich oft das Gefühl hatte, vor einem riesigen Hindernis zu stehen, für dessen Überwindung mir die nötige Kraft fehlte. Und obwohl ich immer heil oben angekommen war, brachte jede neue physische »Herausforderung« die Angst zurück, ihr nicht gewachsen zu sein. Die Schwitzhütte war da keine Ausnahme. Nur durch das Vertrauen in Godfreys Mutter war es mir möglich, daran teilzunehmen und durchzuhalten, wenn auch meistens mit dem Gesicht im direkten Kontakt mit der Erde.

Nachdem wir im Kreis um die Vertiefung in der Mitte Platz genommen hatten, wurden von einem Helfer auf einer langen Schaufel die rotglühenden Steine einer nach dem anderen hereingereicht und vorsichtig in die Grube gelegt. Als schließlich 35 Steine aufgetürmt und glühend vor uns lagen, wurden die Decken vor dem Eingang runtergelassen. Grandma begann, mit einem Schöpflöffel Wasser aus einem bereitgestellten Eimer auf die Steine zu schütten, wo es zischend verdampfte. Das wiederholte sie mehrere Male, bis der Dampf das ganze *inipi* erfüllte und die Luft flüssig geworden zu sein schien. Schnell wurde mir eng ums Herz, und die Panik schien nicht weit weg zu sein, doch ich wollte durchhalten. Der Schweiß rann mir in Strömen vom Körper. Ich erinnerte mich an Grandmas Worte, und im nächsten Moment beugte ich mich vornüber und legte mein Gesicht auf den Boden. Wie wunderbar kühl die Erde war! Mir schien, als atme sie frische, trockene Luft direkt in meinen geöffneten Mund. Welch eine Erleichterung! Bald wagte ich es, mich wieder aufrecht hinzusetzen. Zu wissen, daß ich jederzeit mein Gesicht wieder auf die kühle Erde legen konnte, machte mir die ungeheure feuchte Hitze erträglicher.

Jeder von uns hatte eine Schnur mit 75 *tobacco ties* geknüpft, die Grandma an einem Zweig befestigte, der direkt über den Steinen von der Decke hing. Diese *prayer ties* sind Opfergaben für die *Tunkashilas*, die in sie hineinschauen und so den Geist und die Absichten des Betreffenden, seine Gebete, Gedanken und Bedürfnisse sehen können. *Prayer ties* sind ein unerläßlicher Teil bei allen *inipis* und sonstigen Zeremonien, die Godfrey durchführt; ihre Anfertigung stellt eine wichtige Übung zur Erlangung von Demut und Offenheit gegenüber den *Tunkashilas* dar.

Eine nach der anderen sangen Grandma und die anderen Frauen ihre Lieder, drückten ihre Nöte und Sorgen aus, sprachen Gebete für die Kinder, Alten und Kranken. Zuweilen waren die Stimmen der Frauen erfüllt von Tränen, und ihr Gesang klang wie ein Schreien. Doch sie schienen Trost durch ihre Gebete zu finden, denn nach dem Bitten, der Verzweiflung und den Tränen dankten sie den Tunkashilas mit sanften Lauten für ihren Beistand, für die Gaben von Mutter Erde und allem, was auf ihr lebt.

Als die Reihe an mir war, betete ich für meinen Sohn und die Menschen, die mir nahestanden. Doch nicht einen Moment lang dachte ich daran, die *Tunkashilas* darum zu bitten, meine Seele von der Panik zu befreien.

Wie mir schien, blieben wir eine Ewigkeit in dieser feuchten Hitze, nur viermal unterbrochen vom kurzen Öffnen des Eingangs. Das war die Aufgabe eines Helfers, der vor der Schwitzhütte saß und auf das Zeichen von Grandma wartete, die Decken zu lüften, die den Eingang verschließen. Kurz vor dem Ende der Zeremonie füllte Grandma den Schöpflöffel und gab jeder von uns eine Kelle voll Wasser zu trinken. Welch ein willkommener Genuß!

Nachdem ich auf Händen und Knien das *inipi* verlassen hatte – mein Gesicht über und über mit feuchter Erde verschmiert –, ließ ich mich von der kühlen Nachtluft trocknen. Ein wunderbares Gefühl von Transparenz und Reinheit durchströmte mich. Ich kam mir vor wie neugeboren, empfindsam, leicht wie eine Feder und noch nicht von der Schwere der physischen Welt belastet.

Barfuß betraten wir den Zeremonienraum. Der Duft von brennendem Salbei, Süßgras und Zedernholz erfüllte die Luft. Godfrey und seine Helfer waren schon da und trafen die letzten Vorbereitungen am Altar, der in der Mitte aufgebaut war. Wir Frauen nahmen auf der linken Seite des Raumes auf Kissen und Polstern Platz. Joy und Hope nahmen mich in ihre Mitte, und ich breitete meine neue Sternendecke über uns aus. Die Männer saßen auf der gegenüberliegenden Seite, während Grandma und Grandpa hinter dem Altar Platz genommen hatten. Vor uns waren die Töpfe und Schüsseln mit dem Essen aufgereiht, ein Korb mit Brot und die Limonade, die ich aus Pulver und Wasser gemischt hatte, außerdem Plastikteller, Becher und Besteck. Alle Behälter waren offen, damit sich die *Tunkashilas* bedienen und das Essen segnen konnten.

Eine Kerosinlampe spendete etwas Licht, als sich Godfrey, nur mit seiner Jeans bekleidet, von Philip und Charles die Hände auf dem Rücken fesseln ließ. Abgesehen von den leisen Worten der drei untereinander herrschte vollkommene Stille im Raum, die von der umfassenderen Stille draußen noch verstärkt wurde. Nachdem Godfreys Hände festgebunden waren, hüllte

Charles ihn bis über den Kopf in eine bunte Sternendecke und wickelte sie mit einer dicken Schnur, die er
mehrfach verknotete, um seinen Körper. Dann nahm
Philip Godfrey vorsichtig an den Schultern, während
Charles und Ron ihn an den Füßen hochhoben, und mit
dem Gesicht nach unten legten sie ihn auf ein Lager
aus Salbeizweigen. Dann nahmen die drei Männer
schweigend ihre Plätze ein, und Grandma löschte das
Kerosinlicht.

Siebtes Kapitel

Die yuwipi-Zeremonie

Der Raum war jetzt so stockfinster, daß meine Augen sich nicht daran gewöhnen konnten. Ob ich sie nun öffnete oder geschlossen hielt, es machte keinen Unterschied. Es blieb einfach alles schwarz. Im nächsten Moment begannen die Männer zu trommeln und zu singen und auch die Frauen stimmten ein.

Ich verstand zwar die Worte nicht, doch konnte ich die archaisch klingenden Laute ohne Schwierigkeiten nachahmen, und bald sang auch ich aus vollem Herzen mit.

Plötzlich sehe ich schräg über mir einen kleinen, ruhigen Lichtpunkt, der mich genauso zu betrachten scheint wie ich ihn. Abwechselnd öffne und schließe ich die Augen, doch das Licht ist jedes Mal da. Es schimmert bläulich und erinnert mich an ein Glühwürmchen oder einen Laserstrahl, obwohl es keine Strahlen aussendet. Zunächst steht es still, dann bewegt es sich durch den Raum, hält hier und da inne. Jetzt erscheinen noch mehr dieser Lichter und tanzen durch den Raum, wie Lebewesen, die uns besuchen. Wie ich später erfahre, sind das die *Tunkashilas,* die sich unter anderem in dieser Form zeigen. In dem Moment weiß ich das allerdings nicht, doch instinktiv freue ich mich über ihre Anwesenheit. Gleichzeitig singe ich noch lauter und greife die Hände der beiden Frauen neben mir, die sich unter meine Decke gekuschelt haben und mir das Gefühl vermitteln, als seien sie hin- und hergerissen zwischen Zutrauen und respektvoller Furcht.

Ich höre Godfrey, wie er leise murmelt, dann wieder laut und deutlich spricht, allerdings in Lakota, das ich nicht verstehe. Doch halt, was ist das? Etwas Weiches, Sanftes hat meine Wange berührt, wie der Flügel eines Vogels, der mich im Vorbeifliegen streift. Ein Vogel in diesem engen, nachtschwarzen Raum? Mein Kopf folgt der Bewegung, doch kann ich nichts erkennen. Einen kurzen Moment lang überlege ich, was das wohl gewesen sein mochte. Dann nehme ich es einfach als Tatsache hin, stelle es nicht mehr in Frage. Die Berührung war so angenehm, daß ich ein Lächeln und Tränen der Freude auf meinem Gesicht spüre.

Wo kommen plötzlich die lauten Schritte her? Außer uns hier drinnen ist meines Wissens im Umkreis von vielen Meilen niemand da. Auch habe ich nicht gemerkt, daß die Tür aufgegangen ist, doch die Schritte sind laut und deutlich zu hören. Und es sind nicht die Schritte eines Menschen, das spüre ich – obwohl ich nicht weiß, wessen Schritte es sonst sein könnten. Der Boden unter mir vibriert, während sie schwer und polternd um Godfrey herumstampfen, bevor sie langsam an jedem von uns vorbeigehen. Dann sind sie genauso plötzlich wieder verschwunden.

Wir singen und trommeln, was das Zeug hält. Ich habe nicht einen Moment lang Zeit, mich unheimlich zu fühlen oder Angst zu haben. In der U-Bahn in München mit ihren voraussehbaren Abläufen hat mich die Panik oft so heimgesucht, daß ich es kaum bis zur nächsten Station aushalten konnte, bevor ich nach Luft schnappend an die Oberfläche hastete. Doch hier, in diesem dunklen, geheimnisvollen Raum auf der anderen Seite der Welt, wo Dinge vor sich gehen, die gegen jegliche Vernunft sprechen, verspüre ich nicht die geringste Angst. Ich lasse mich forttragen von dem, was geschieht, ohne das Bedürfnis, die unerklärlichen Dinge begreifen zu müssen, die hier passieren. Und das war wohl gut so. Denn wenn man an einer solchen Zeremonie teilnimmt und den Kopf voller Zweifel und Fragen hat, offenbaren sich die Geister nicht, sagt Godfrey. Er spürt das sofort und weiß auch, wer von den Anwesenden seine Zweifel nicht loslassen kann oder will. Er fordert dann denjenigen auf, seine Zweifel zu vergessen. Ist er dazu nicht in der Lage, bricht Godfrey die Zeremonie ab.

Nach einer Weile fordert Grandma mich mit leiser Stime auf, den *Tunkashilas* die Frage zu stellen, die mir am Herzen liegt. Das tue ich und frage: »Was ist der nächste Schritt in meinem Leben?«

Dann höre ich Godfreys Stimme, zumindest glaube ich, daß es seine Stimme ist. Er spricht auch jetzt in Lakota, in verschiedenen Tonlagen, so als führe er einen Dialog mit jemandem, wobei er für beide Seiten spricht. Das Singen und Trommeln geht ununterbrochen weiter.

Und auf einmal, ohne daß jemand sie hochgenommen hätte, bewegen sich die Rasseln durch den Raum, die zuvor auf dem Altar lagen. Sie sind kürbisförmig, mit vielen kleinen Steinchen gefüllt und mit dünn gegerbtem Leder überzogen. Die kleinen Steinchen in ihrem Inneren glühen wie Lichter und zeigen an, wo die Rasseln sich gerade befinden. Sie bewegen sich mal niedrig, mal in Augenhöhe, dann wieder unter der Decke des Raumes. Jetzt machen sie genau vor mir Halt, und im nächsten Moment berühren sie mit leichten, schnellen Schlägen meine Schultern, Brust und Rücken. Die Berührungen sind deutlich spürbar, wie sanfte Elektroschocks, jedoch nicht schmerzhaft. Die Rasseln »doktorn« mich, wie Grandma mir später erzählt. Mein Herz schlägt schneller, und ich singe aus vollem Hals. Rechts und links spüre ich Hope und Joy, die sich an mich drücken und offenbar genauso aufgeregt sind wie ich. Eine Weile spüre ich noch die Berührungen der Rasseln, bevor sie sich entfernen. Und plötzlich geschieht etwas völlig Unvorhergesehenes. Ich höre ein lautes, forderndes Klopfen an der Tür. Ich spüre, wie uns alle ein Schrecken in die Glieder fährt. Wer kann das sein? Die beiden Frauen neben mir rücken noch näher zu mir und greifen meine Hände noch fester; sie scheinen sich am liebsten verstecken zu wollen. Obwohl ich nichts sehen kann, spüre ich im nächsten Augenblick, was passiert ist: Godfrey ist nicht mehr in unserer Mitte. Das heißt, er ist nicht etwa aufgestanden und rausgegangen – was in seiner gefesselten Lage auch schwierig gewesen wäre. Dennoch ist er nicht mehr da. Instinktiv weiß ich, daß auch alle anderen Godfreys plötzliches Verschwinden bemerkt haben. Unser Singen und Trommeln wird immer frenetischer; mir kommt es so vor, als ob wir ihm damit Kraft geben, die er unbedingt braucht, wo immer er auch sein mag. Die kleinen, blauen Lichter sind verschwunden, kein Stampfen ist mehr zu hören, und weder Flügel noch Rasseln bewegen sich durch den Raum. Abgesehen von unserem Singen ist es unheimlich still, so als sei mit Godfrey alles Leben aus dem Raum gewichen.

Diese Leere erfüllt mich mit einer seltsamen Traurigkeit. Wir singen und trommeln immer intensiver, verzweifelter. Nach einer Weile, die sich wie eine Ewigkeit anfühlt, spüre ich, daß Godfrey wieder bei uns ist. Welche Erleichterung! Und mit ihm kommen die Lichter zurück mit ihrer beruhigenden Präsenz. Die Rasseln tanzen erneut mit ihrem sanften Geräusch durch den Raum, und ich höre wieder Godfreys Stimme, der mit jemandem spricht, den nur er verstehen kann.

Und dann fliegt mir etwas mit solcher Wucht ins Gesicht und fällt auf meinen Schoß, daß ich vor Schreck aufschreie und zu weinen beginne. Ich habe das Gefühl, als hätte jemand mir was an den Kopf geschmissen, und das so unerwartet und heftig, daß ich mich angegriffen fühle. Sofort höre ich Grandmas Stimme, die fragt: »Wer hat die Decke?« Erst jetzt bemerke ich, daß es sich bei dem unheimlichen Ding tatsächlich um eine weiche Decke handelt, die mir in den Schoß gefallen ist. Die Decke, in die Godfrey eingewickelt und gefesselt wurde! Ich sage meinen Namen. »Das ist ein gutes Zeichen. Die *Tunkashilas* sind dir wohl gesonnen«, erwidert Grandma beruhigend. Von einer Sekunde zur anderen verwandelt sich mein Terror in Erleichterung, und unter Tränen, die mir noch immer über die Wangen laufen, lache ich laut auf vor Freude.

Irgendwann ist die Zeremonie vorbei, und Grandma zündet die Kerosinlampe wieder an. Sie weint. Später sagt sie mir, daß Godfrey tatsächlich von den *Tunkashilas* weggebracht worden sei, und wann immer das geschieht, hat sie große Angst um ihn, denn sie weiß nie, ob er zurückkommen wird. Sie fügte hinzu, daß unser lautes Singen, mit dem wir ihm instinktiv Kraft geben wollten, tatsächlich notwendig gewesen war.

Und Godfrey? Er saß im Schneidersitz auf seinem Lager aus Salbeizweigen, mit nacktem Oberkörper und einem Lächeln im Gesicht. Seine Hände waren frei von den Fesseln, und die Decke, die um ihn herumgewickelt und verknotet worden war, lag in meinem Schoß ...

Jetzt begann der fröhliche Teil des Abends. Bei den Lakota gehen das Ernste, Spirituelle und Fröhliche nahtlos ineinander über. Philip gab jedem von uns einen Teller mit Eintopf, ein Stück Brot und ein Schüsselchen Pudding, während Charles uns mit Limonade in Plastikbechern versorgte. Wir rückten nahe zusammen, und unter Reden und Lachen verzehrten wir das von den Tunkashilas gesegnete Festessen.

An diesem Abend wartete ich umsonst darauf, daß Godfrey mir mitteilte, wie die Antwort der Geister auf meine Frage lautete. Obwohl ich neugierig war, was sie ihm gesagt hatten, wollte ich ihn nicht bedrängen; früher oder später würde er es mir schon mitteilen. Nur einmal merkte ich, wie er mich still betrachtete, und als unsere Blicke sich trafen, lächelte er mir aufmunternd zu.

In dieser Nacht, die ich wie alle anderen Nächte – außer der ersten in Grandmas Haus – in unserem Van verbrachte, schlief ich tief und traumlos. Godfrey war nicht da. Es hieß, er sei nach Rapid City gefahren, um irgendwas zu erledigen. Keiner wußte, wann er zurückkommen würde.

ACHTES KAPITEL

WIE DIE MEDIZIN MIR HALF, DIE ANGST ZU ÜBERWINDEN

Am frühen Nachmittag des zweiten Tages sah ich von weitem Godfreys alten Buick in einer Staubwolke näherkommen. Neben seinem Wohnwagen hielt er an und stieg aus. Er rief meinen Namen und bedeutete mir, zu ihm zu kommen. Er wollte wissen, wie es mir ginge, und sagte lächelnd, daß die *Tunkashilas* es gut mit mir meinten, da mir die Decke ins Gesicht geflogen war. Ein eigenartiges Zeichen von Zuwendung, dachte ich amüsiert. Er sagte, daß ich am Abend ihn und Grandpa im Zeremonienraum treffen sollte, wo wir gemeinsam eine Pfeife rauchen würden. Anschließend müsse ich einen Becher Tee trinken, bei dem es sich um eine Medizin handele, die die *Tunkashilas* für mich »verschrieben« hätten.

Oh, so hatte ich mir das allerdings nicht vorgestellt. Eine Medizin wollte ich nicht nehmen; was hatte das auch mit meiner Frage zu tun? Ich war schließlich nicht krank. Die Gedanken rasten in meinem Kopf, mein Herz begann, schneller zu klopfen, und Angst breitete sich in mir aus. Ich fragte Godfrey rundheraus, ob es sich bei der Medizin um eine Droge handelte, etwas, das mein Bewußtsein oder Körpergefühl irgendwie verändern würde. Wenn ja, so ließ ich ihn wissen, würde ich es nicht nehmen. Ich hatte zwar vor vielen Jahren durchweg positive Erfahrungen mit Drogen gemacht, war aber heute unter keinen Umständen mehr dazu bereit, mich auf ihre unvorhersehbare Wirkung einzulassen. Godfrey lächelte mich an und meinte, daß es sich bei der Medizin nicht um eine Droge, sondern um ein Heilkraut handelte, daß in der Prärie wächst. Ich war zwar etwas erleichtert, als ich das hörte, doch ganz waren meine Bedenken nicht verschwunden.

Es war schon dunkel, als Godfrey mich aufforderte, ihm ins Zeremonienhaus zu folgen. Am Eingang fächelten wir uns mit rauchendem Salbei ab, zogen die Schuhe aus und setzten uns vor dem Altar nieder. Außer Godfrey, Grandpa und mir war zu meiner Überraschung auch Joy anwesend, die mir freundlich zunickte. Godfrey hielt die gestopfte Pfeife im Arm, während er und sein Vater das Medizinlied sangen und in Lakota beteten. Vor mir auf dem Boden stand ein Becher, bis an den Rand mit einer dunklen Flüssigkeit gefüllt. Ich bemerkte, daß Joy auch solch einen vollen Becher vor sich stehen hatte. Noch heute bin ich davon überzeugt, daß sie auf Godfreys Wunsch den Tee trinken sollte, damit ich mit meiner Angst vor der »Droge« nicht allein war, sondern jemand mein »Schicksal« teilen würde.

Nach dem Lied zündete Godfrey die Pfeife an und nahm mehrere tiefe Züge. Dann reichte er sie seinem Vater, der sie an Joy weitergab, und anschließend mir. Vorsichtig sog ich den Rauch ein und konnte es nur mit Anstrengung vermeiden, nicht zu husten. Godfrey forderte mich auf, noch ein paar tiefe Züge zu nehmen. Dieses Mal fuhr mir der Rauch bis in die Zehen, und ich hatte das Gefühl, als reinigte er mich durch und durch. Ein wunderbares, unerwartetes Gefühl!

Der Moment kam, wo ich die Tasse an den Mund führte und den ersten Schluck nahm. Nie in meinem Leben hatte ich etwas so Bitteres auf den Lippen gespürt, und erschrocken wollte ich den Becher zurückstellen. Ich schaute zu Godfrey, der mich ruhig anlächelte und nickte. Daraufhin überwand ich mich und trank den Becher aus. Joy und ich stellten ihn im gleichen Moment wieder auf den Boden, sahen uns an und mußten lachen. Das war's. Ich fragte Godfrey, warum ich denn die Medizin nehmen mußte und was die *Tunkashilas* auf meine Frage in bezug auf den nächsten Schritt in meinem Leben gesagt hatten. Doch Godfrey meinte, ich solle mich jetzt zurückziehen, morgen würde er mir diese Frage beantworten.

Joy und ich verließen gemeinsam den Zeremonienraum, doch draußen trennten sich unsere Wege. Es war eine klare Vollmondnacht.

Und was dann passierte, werde ich nie vergessen.

Auf einmal fühlte ich mich zutiefst allein und traurig. Zum ersten Mal, seit ich in South Dakota angekommen war, machte sich die alte, wohlbekannte Panik bemerkbar. Ich befürchtete, doch eine Droge eingenommen zu haben, die mich vielleicht umbringen würde. Sofort fielen mir Godfreys Worte ein, daß es sich bei dem Tee um eine Medizin, ein Heilkraut handelte und er mir nichts geben würde, was nicht gut für mich sei. Die Gedanken jagten sich in meinem Kopf. Es mochte ja sein, daß dieses Kraut keine Droge für einen Indianer ist, der seit ewigen Zeiten hier lebt und Heilkräuter nimmt und daran gewöhnt ist – doch wer weiß, vielleicht ist es eine Droge für meinen nichtindianischen Körper, meinen europäischen Geist, der nicht in der Prärie, sondern in einer Großstadt 10 000 Kilometer entfernt, in einem anderen Land, einer anderen Welt lebt und keine Erfahrung mit diesen Dingen hat?

Ein wachsendes Gefühl von Schwäche, Angst und Einsamkeit drohte mich zu verschlingen. Ich verspürte den Drang, auf die Toilette zu gehen. Als ich am *Out-house* ankam, war es bereits besetzt, und zwar von Joy. Da es zwei Leuten auf einmal Platz bot, setzte ich mich daneben und tat, was ich tun mußte. Von der Seite warf ich einen schnellen Blick auf Joy, der es offensichtlich bestens ging, obwohl sie auch den bitteren Tee getrunken hatte. Doch beruhigte mich das kaum.

Ich verließ das *Outhouse,* und weinend ging ich ziellos umher. Der volle Mond stand leuchtend an einem klaren, sternenübersäten Himmel. Neben der Angst überflutete mich tiefe Traurigkeit und ein Gefühl grenzenloser Einsamkeit. Was immer es auch gewesen sein mochte, was ich getrunken hatte, es war zu einem Teil von mir geworden; ich konnte nichts mehr daran ändern. Und auf einmal hatte der unbekannte Feind, dem ich jahrelang ausgeliefert war, die Panik, die mein Leben so oft zu einer Qual gemacht hatte, Gestalt angenommen: Der bittere Tee hatte sich in meinen Feind verwandelt, hatte der Angst Substanz und Form gegeben. Und ich hatte ihn getrunken, in meinen Körper aufgenommen, wo er sein Werk vollenden würde, was auch immer das sein mochte.

Diese Erkenntnis verstärkte noch die Panik. Tränen liefen mir übers Gesicht; ich hatte mich nie im Leben so ausgeliefert und allein gefühlt. Der Feind befand sich in meinem Magen, von wo aus er bald in mein Blut und jede Faser meines Wesens übergehen würde. Es blieb mir nichts anderes übrig, als aufzugeben. Ich konnte nicht mehr kämpfen, nicht mehr um Hilfe rufen, mußte mich mit meinem Schicksal abfinden. Wenn es denn sein sollte, so würde ich hier draußen sterben, würde in Millionen Teile explodieren, wie ich es so oft befürchtet hatte. Ich konnte nichts mehr dagegen tun. Ich gab auf, bereit hinzunehmen, was immer geschehen würde.

Mit ausgebreiteten Armen stand ich da, das Gesicht zum Mond gewandt, und weinte die bittersten Tränen meines Lebens.

Ich weiß nicht, wie lange ich so dastand. Doch offenbar sollte ich nicht sterben und auch nicht in Millionen Teile explodieren, denn irgendwann hörte ich leise Stimmen und Lachen. Ich schaute mich um, woher die Stimmen kamen, und sah eine Gruppe von Frauen, die bei dem noch glühenden Feuer neben der Schwitzhütte standen. Plötzlich hatte ich das starke Bedürfnis, getröstet und in ihren Kreis aufgenommen zu werden. Ich ging auf die Frauen zu, und als sie mich kommen hörten, wurden sie still und schauten in meine Richtung. Ich hörte, wie eine von ihnen flüsterte: »Sie weint.« Die Frauen nahmen mich in ihre Mitte. Dann trat Grandma in den Kreis und stellte sich neben mich. Sie legte ihre weiche Wange an meine, während sie mir die Geschichte von *White Buffalo Woman* erzählte, die vor unendlich langer Zeit den Lakota die Medizin gebracht hatte. Sie sagte, daß ich keine Angst zu haben brauchte, daß alles gut sei. Und damit ich auch wirklich verstand, was sie mir sagen wollte, fügte sie hinzu, daß es sich mit *White Buffalo Woman* ähnlich verhält wie mit Maria, die Jesus in die Welt gebracht hat, und daß von diesen beiden heiligen Frauen nur Gutes für die Menschen kommt.

Noch immer liefen mir die Tränen übers Gesicht. Doch jetzt weinte ich nicht aus Einsamkeit und Trauer, sondern aus Dankbarkeit über Grandmas Worte, ihre

Liebe und Fürsorglichkeit. Die Frauen umarmten mich eine nach der anderen. Sie strahlten mich an und versicherten mir, daß alles gut werden würde.

Es sollte noch ein paar Tage dauern, bis ich wirklich begriff, daß eine tiefgreifende Veränderung mit mir geschehen war. Doch schon in jener Nacht schlief ich einem neuen Leben entgegen, frei von Panik und Furcht.

Am nächsten Morgen bat Godfrey mich, ihm noch einmal in den Zeremonienraum zu folgen. Und dieses Mal, unter vier Augen, teilte er mir mit, was die *Tunkashilas* ihm gesagt hatten. Was die Medizin betraf, so hatte ich sie nehmen müssen, weil die *Tunkashilas* »eine Krankheit auf mich zukommen« sahen, die durch die Medizin abgewendet wurde. Er machte keine näheren Angaben zur Natur dieser Krankheit, und ich hatte nicht das Bedürfnis, deshalb weiter in ihn zu dringen; seine Antwort reichte mir.

Und was die Frage betraf, die ich zu Beginn der Zeremonie gestellt hatte, so sagte Godfrey, daß ich tun könnte und machen sollte, wonach mein Herz sich sehnt, was immer das auch sei, und daß es keinen Grund gäbe, Angst zu haben. Keine weiteren Einzelheiten, kein »Du-mußt-nach-YX-gehen-und-das-und-das-tun«. Das wäre wohl auch zu einfach gewesen, eine solch detaillierte Antwort zu bekommen, dachte ich einen Moment lang mit leiser Enttäuschung, bevor ich begriff, daß nur jeder selbst entscheiden kann, welche Schritte er in seinem Leben machen wird ...

Ich dankte Godfrey für alles, was er für mich getan hatte. Er mußte gespürt haben, als wir uns zum ersten Mal begegneten, daß ich dringend Hilfe brauchte. Ausnahmsweise hatte er das »Protokoll« umgekehrt, anstatt zu warten, bis ich ihn um seine Hilfe bat – was ich wahrscheinlich nie getan hätte. Dafür werde ich ihm immer dankbar sein. Dieses Buch ist nicht zuletzt mein *wopila*, von dem ich hoffe, daß es ihm und seiner Familie ebensoviel Gutes bringen wird.

NEUNTES KAPITEL

EIN NEUES LEBEN BEGINNT

Ein paar Tage später war es an der Zeit, uns von Godfrey und seiner Familie zu verabschieden. Nie in meinem Leben waren mir ähnlich wunderbare Dinge widerfahren. Ich wußte, daß ich wiederkommen würde.

Ron hatte sich nach seinem *Vision Quest* entschieden, nicht nach Boston zurückzukehren, sondern direkt von South Dakota aus nach Seattle/Washington zu gehen, wo er eine neue Existenz aufbauen wollte. Das tat er mit viel Erfolg, und er lebt noch heute dort.

Shabaris *Vision Quest* war ihren eigenen Worten zufolge einer Katharsis vergleichbar, bei der sie drei Tage und Nächte lang nur weinte. Ihre Beziehung mit Ron war von Anfang an schwierig gewesen. Dennoch hatte sie geglaubt, nur mit ihm glücklich werden zu können, und gegen besseres Wissen an diesem Gedanken festgehalten. Während ihres *Vision Quests* erkannte sie, daß ihre Wege sich noch hier in South Dakota trennen würden. Sie war zwar traurig darüber, wußte aber, daß es so für alle Beteiligten besser war. Sie fuhr allein mit ihren Söhnen nach Boston zurück.

Ich habe nie mehr direkt mit ihr Kontakt gehabt, doch Ron hat mir erzählt, daß sie geheiratet hat und daß es ihr gutgeht.

Nachdem wir uns von Godfrey und seiner Familie verabschiedet hatten, brachte Shabari uns zum Flughafen in Rapid City. Ich dankte ihr, daß sie mich nach South

Dakota mitgenommen hatte. Ron buchte einen Flug nach Seattle, und ich hatte beschlossen, nicht gleich nach Berlin zurückzufahren, sondern einen Umweg über die Westküste einzulegen. Ich fühlte mich gut, aber erschöpft und wollte ein paar Tage Ferien in Kalifornien machen, am Meer, unter Palmen, im relativen Luxus des »weißen« Amerika ...

Ron und ich umarmten uns, und unter Tränen verabschiedeten wir uns. Auf einem Flughafen hatten wir uns ein paar Wochen vorher nach Jahren wiedergetroffen, auf einem anderen Flughafen trennten sich jetzt erneut unsere Wege. Doch hatte das Erlebnis mit Godfrey und seiner Familie unsere Freundschaft noch vertieft. Nicht zuletzt als Zeichen dieser Freundschaft war Ron bereit, die höchst persönliche Geschichte seines *Vision Quests* zu diesem Buch beizutragen.

Als ich ein paar Stunden später in San Diego eintraf und mich unter Palmen am Swimmingpool eines Hotels wiederfand, wußte ich, daß ich hier leben wollte. Sofort erstellte ich einen Plan und schrieb auf, was ich tun mußte, um diesen Wunsch zu realisieren. Ich holte meinen Sohn nach, und zwei glückliche Jahre lang lebten wir in einer kleinen Stadt am Strand von Südkalifornien ...

Es sollte noch einige Tage dauern, bis ich mich von der Intensität der Ereignisse in South Dakota erholt hatte und zu meiner grenzenlosen Freude feststellte, daß ich – *tatsächlich keine Angst mehr hatte!*

Das ist jetzt zehn Jahre her, in denen ich keine einzige Panikattacke mehr gehabt habe. Mit Godfreys Hilfe wurde mir ein neues Leben geschenkt, das ich mit Elan, Zuversicht und Dankbarkeit in Angriff nahm.

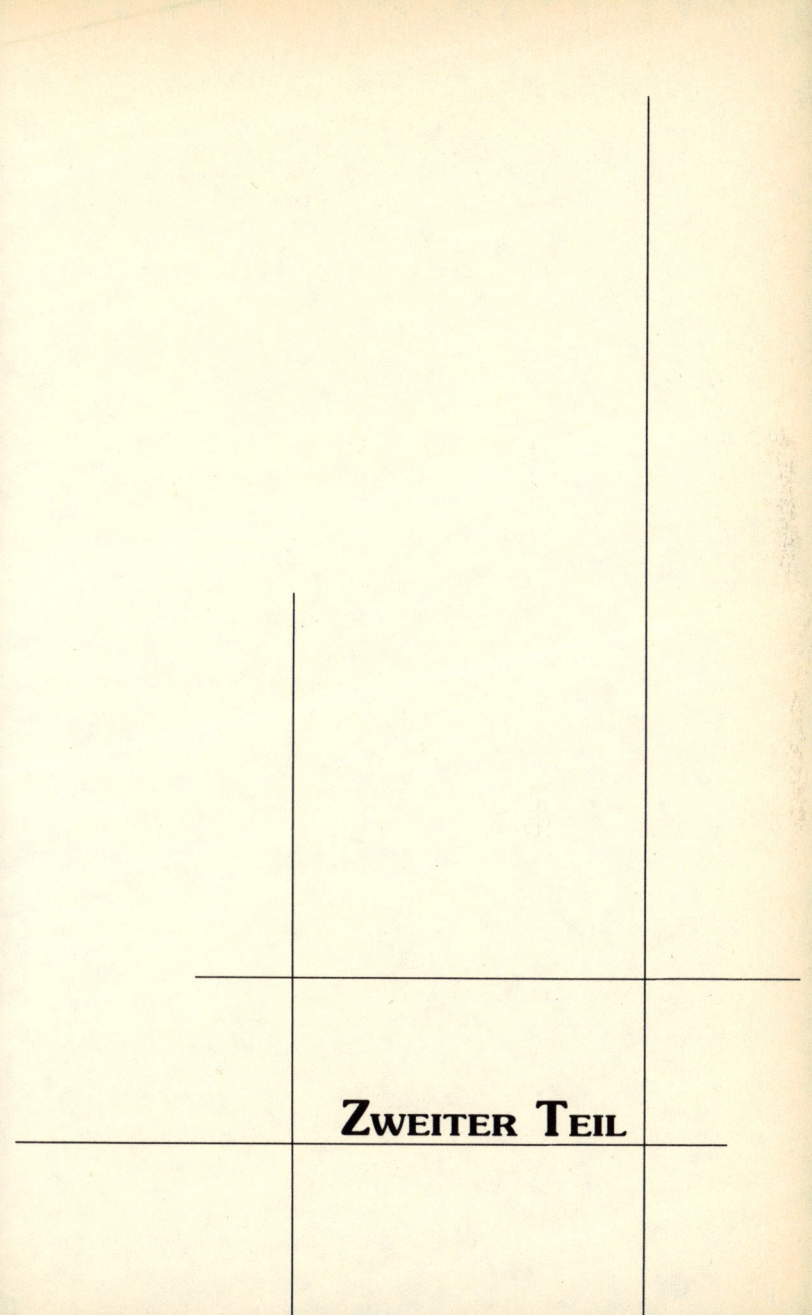

ZWEITER TEIL

Godfrey Chips,
der letzte yuwipi-Mann,
und seine Geschichte,
wie er sie mir erzählt hat

»The Spirits are Ruthless.«
»Die Geister sind unbarmherzig.«

Godfrey Chips, 1997

Mein Urgroßvater Old Man Chips wurde 1836 geboren. Sechs Jahre später starben seine Eltern. Bevor sie starben, sagte er zu seinem Vater: »Ich habe Mutter und dich gesehen, bevor ich zu euch kam.« Und weiter sagte er, daß die *Tunkashilas* ihn mitgenommen hatten und mit ihm über das Land gegangen und geflogen waren, um nach einem heiligen Ort zu suchen. Sie machten vor dem Eingang eines *Teepee* halt. Drinnen saßen ein Mann und eine Frau. Ihre Köpfe waren gebeugt. Es sah so aus, als wären sie traurig oder in Not. Also sagte *Tunkashila* zu meinem Urgroßvater: »Hier wirst du aufwachsen.« Dann schubste er ihn in das *Teepee,* und neun Monate später wurde er von der Frau geboren. Das kann man fast mit Jesus vergleichen, wie er über das Wasser gegangen ist – so ähnlich ist mein Urgroßvater Horn Chips in dieses Land gekommen.

Sechs Jahre später starben seine Eltern. Von da an wuchs er bei den Großeltern von Crazy Horse auf, der vier Jahre jünger war als er und dessen Lakota-Name lautete: Sein Pferd ist verrückt. Er wurde später ein berühmter Krieger, der viele Jahre lang unverwundbar war. So wuchsen mein Urgroßvater und Crazy Horse wie Brüder auf und wurden enge Freunde.

Mein Urgroßvater war dazu ausersehen, Medizinmann zu werden. Im Laufe der Jahre gewann er Wissen, Verständnis und Weisheit. Er besaß einen Talisman, und jeder, der ihn trug, war unverletzbar. So lange dieser Mensch nicht direkt von einem anderen berührt wurde, konnte er nicht getötet werden. Pfeile und Kugeln und alle sonstigen Arten von Waffen trafen ihn nicht, sie wurden einfach von ihm abgeleitet. Diese schützende Macht gab mein Urgroßater an Crazy Horse weiter, der ein Krieger war. Das wurde seine Medizin. Wenn es einen Kampf gab, war Crazy Horse der Führer. Er hatte die Medizin, ihm konnte nichts passieren.

In jenen Tagen, wenn die Menschen die *Chanunpa* rauchten, die bei den Weißen als »Friedenspfeife« bekannt ist, erwiesen sie ihr tiefen Respekt und behandelten sie mit Ehrfurcht. Wenn sie die heilige Pfeife rauchten und sagten »Ich werde dies oder jenes nicht mehr tun«, dann war das ein Schwur, den sie um nichts in der Welt brachen. Als dann die Kavallerie der Regierung in Washington wegen des Abkommens von 1868 mit den Lakota zusammensaß und ihnen sagte, »alles Land vom Westufer des Missouri an der Grenze zu Nebraska über Wyoming bis Nord Dakota ist indianisches Land, und wir werden dafür sorgen, daß die Weißen dieses Land nicht an sich reißen. Ihr könnt fischen und jagen und ungestört so leben, wie ihr es seit jeher gewohnt seid«, glaubten die Lakota ihnen, daß sie die Wahrheit sprachen. Doch im Jahre 1876 fand General George Armstrong Custer in den Black Hills Gold. Das zog die Leute an, und sie waren nicht zu bremsen. Mein Urgroßvater hatte bereits vorausgesagt: »Die Weißen werden wie eine Flut das Land übeschwemmen. Sie werden alles an sich reißen. Wir können sie nicht aufhalten.«

Damals hatten die Trapper (Fallensteller) und Jäger die Gewehre, und die Lakota hatten die Pelze und Tierhäute. Also tauschten sie diese gegen Gewehre und Munition, doch es war nicht genug. Eines Tages ging mein Urgroßvater hinaus in die Prärie und fand einen Maulwurfhügel. Er nahm einen Salbeizweig und stach damit in den Boden. Dann legte er das bißchen Munition, was sie eingetauscht hatten, auf den Maulwurfhügel. Er begann, ein Lied zu singen. Und bald hüpften Gewehrkugeln aus der Erde, so als wenn sie jemand von unten in die Luft werfen würde, eine nach der anderen, bis sich eine große Menge Munition angesammelt hatte. Mit diesen Kugeln töteten die Lakota-Krieger viele von den Menschen, die unrechtmäßig in ihr Land eingedrungen waren. Sie hatten einen Grund. Man hatte ihnen versprochen, daß keine weißen Siedler kommen und sich niederlassen würden; sie hatten gemeinsam die Pfeife geraucht und dieses Abkommen getroffen. Doch als die Weißen kamen und die Kämpfe begannen, half Washington den Lakota nicht. Statt dessen wurden sie gegen ihren Willen von der Regierung aus den Black Hills gejagt und in die Prärie umgesiedelt. Man sagte ihnen: »Das ist jetzt euer Land. Bleibt auf dem Reservat, und man wird euch in Ruhe lassen.« Sie nahmen uns das Land weg und brachen auf diese Weise das Abkommen, das sie mit der *Chanunpa* besiegelt hatten.

Von nun an wurde mein Urgroßvater von den *Tunkashilas* geleitet. Wenn eine Gefahr in der Luft lag, hörte er eine Stimme, die zum Beispiel sagte: »Sie kommen und gehen nach Westen.« Daher wußten die Lakota-Krieger oft, wann und wo sie am besten angreifen konnten. Doch es kamen immer mehr weiße Siedler auf der Suche nach dem Gold; sie überfluteten das Land der Lakota, töteten sie, wo immer sie ihrer habhaft wurden, und brachten Krankheiten und Alkohol mit sich.

1871 wurde mein Großvater Charles Horn Chips geboren. Am Tag seiner Geburt gab es eine Sonnen-Eklipse. Charles wußte, daß sein Vater ein heiliger Mann war, der mit den *Tunkashilas* sprach. Und 1890, als mein Großvater 19 Jahre alt war, sagte er zu seinem Vater: »Ich will auch mit den Leuten sprechen, mit denen du redest.« Daraufhin rief mein Urgroßvater alle zusammen, die Frauen auf der einen, die Männer auf der anderen Seite. Er richtete auf dem Erdboden einen Altar her, in dessen Mitte er die Fußabdrücke eines Menschen zeichnete. Dann stellte er seinen Sohn auf den Altar. Er ging um ihn herum und blies ihn an. Das ist alles, was er tat, er blies ihn nur an. Und auf diese Weise blies er die Medizin in ihn. Dann begann mein Großvater, ein Lied zu singen, und er hörte eine Stimme genau in seinen Ohren. Die Stimme sagte zu ihm: »Die Frau hier in der zweiten Reihe und dieser Mann da vorne auf der anderen Seite, sie sind beide verheiratet, doch treffen sie sich heimlich hinter dem Rücken der anderen. Sag es allen!« Mein Großvater erwiderte: »Nein, ich möchte keinen Streit verursachen.« Die Stimmen sagten: »Geh nur, du mußt es allen sagen.« Und wieder antwortete er: »Nein, ich will keine Probleme schaffen!« Und ein drittes Mal forderten sie ihn auf: »Entweder du sagst es ihnen jetzt, oder ...!« Und nachdem er sein Lied beendet hatte, stieg er von dem Altar herunter und sagte: »Du, Frau, da hinten in der zweiten Reihe, und du, Mann, hier drüben in der dritten Reihe. Ihr seid beide verheiratet, doch heimlich trefft ihr euch hinter dem Rücken der anderen.« Das bestätigte die Vermutungen, die jeder bereits hatte, es war der Beweis. Die beiden

Schuldigen schämten sich sehr und beendeten wenig später ihre Beziehung.

Dann forderte mein Urgroßvater meinen Großvater wieder auf, sich auf den Altar zu stellen. Und noch einmal ging er in einem Kreis um ihn herum, und wie zuvor blies er ihn an und nahm auf diese Weise seine Medizin zurück. Die *Tunkashilas* hatten das von ihm verlangt, weil mein Großvater nicht gleich beim ersten Mal der Aufforderung der Stimmen nachgekommen war. »Man sagt es dir nur ein einziges Mal! Dann mußt du handeln.« Doch mein Großvater hatte keinen Ärger machen wollen, und sie hatten ihn dreimal auffordern müssen. Daher mußte mein Urgroßvater die Medizin zurücknehmen. Mein Großvater verlor seine Kraft, er konnte nicht mehr mit den *Tunkashilas* kommunizieren.

Von dem Tag an war sein Herz gebrochen. Er nahm sein Gewehr und ging hinaus in die Prärie, um sich zu töten. Er war erst 19 Jahre alt. Er ging und weinte und betete die ganze Nacht. Bei Tagesanbruch spürte er plötzlich, daß er sich hinlegen mußte, denn eine ungeheure Müdigkeit hatte ihn überkommen. Also legte er sich am Fuße eines Hügels nieder, sein Gewehr neben sich. Das nächste, was er hörte, waren Stimmen. Er richtete sich auf und sah, wie ein paar Vögel davonflogen, und er dachte, vielleicht haben sie zu mir gesprochen. Also ging er zurück zu den anderen und erzählte ihnen, was er gehört hatte. Dann brachte ihn sein Vater zum Eagle Nest Butte und grub ein Loch. Und dort hinein legten sie meinen Großvater. Das hatten ihm die Stimmen in der Prärie gesagt. Vier Tage und vier Nächte mußte er in diesem Grab verweilen. Er tat, wie ihm geheißen wurde, damit er wieder Dinge sehen und hören und mit den *Tunkashilas* reden konnte.

Drei Tage und drei Nächte lang passierte nichts. Der vierte Tag kam und die vierte Nacht – nichts. Keine Stimme, nichts. Doch kurz bevor am fünften Tag die Sonne aufging, spürte er, wie der Boden um ihn herum bebte. Also stand er auf, um zu sehen, was da vor sich ging. Das Beben wurde stärker, und aus der Erde kam eine Rassel und berührte ihn überall an seinem Körper. Dann wurde sein Körper wie taub, und er fiel hin. Er konnte sich nicht bewegen, doch er war bei Bewußtsein. Als nächstes hörte er die Stimmen der *Tunkashilas*. Sie sagten: »Von der Medizin, die wir dir geben, bindest du eine an diese Rassel, und die andere an deine Pfeife.« Insgesamt gaben sie ihm fünf Kräfte, und als sie ihm die letzte gaben, sagten sie: »Diese Medizin legst du in die Ohren der Menschen, und wir werden mit ihnen kommunizieren.« Seitdem trägt jeder, der an einer *yuwipi*- oder *five stick*- Zeremonie teilnimmt, einen Salbeizweig hinter dem linken Ohr. Der Salbei ist die Medizin. Und welche Frage auch immer sie stellen, die *Tunkashilas* werden sie durch diese Medizin beantworten. Sie legten die Medizin auf seine Kehle und sagten ihm: »Also gut, wenn du mit uns arbeiten willst, mußt du dich bereit erklären, bis an dein Lebensende niemals mehr nein zu sagen. Sag nie mehr nein, nur weil du Ärger vermeiden willst. Wie der Adler, so wirst auch du dann keine Stimme mehr haben.« Er akzeptierte die Bedingung.

Und dieser Mann, mein Großvater Charles Chips, er wurde von allen Menschen ausgenutzt, weil er nicht *nein* sagen konnte. Wenn man von ihm verlangte »Ich will dein Pferd haben oder dein *Teepee*« oder was auch immer, antwortete er: »Nimm es dir.« Wenn jemand brüllte: »Geh von diesem Wagen runter, du nichtsnutziger

Indianer!«, dann folgte er ruhig dieser Aufforderung. Wenn er auf seinem Weg einem Hund begegnete, trat er beiseite, damit der Hund vorbei konnte. Das war mein Großvater.

Und so lebte er 56 Jahre lang, und während all der Zeit arbeitete er mit den *Tunkashilas* zum Wohle seiner Mitmenschen und sagte nicht ein einziges Mal *nein* zu irgend etwas oder irgend jemandem. Jeden Tag war er bereits vor Anbruch des Tages auf, stand vor seinem *Teepee* und betete mit ausgestreckten Armen zu den *Tunkashilas*. Er war ein hart arbeitender Mann. Er sorgte für andere. Als er Ende Siebzig war, begannen seine Kräfte nachzulassen.

Mein Großvater hatte einen Bruder, der die *five stick*-Zeremonie durchführen konnte. Das war seine einzige Medizin. Er hieß Moves Camp (Der-von-einem-Camp-zum-anderen-zieht). Er machte für jeden, der ihn darum bat und ihm eine Pfeife brachte, eine Zeremonie und verlegte sein Camp dahin, wo der Betreffende lebte. Er sagte dann: »Baut das Camp ab, wir ziehen um!« So bekam er seinen Namen.

Als Moves Camp starb, gab es keinen Nachfolger für seine *five stick*-Medizin. Also kämpften die *yuwipi*- und die *five stick*-Geister um meinen Großvater. Die *five stick-Tunkashilas* sagten: »Du wirst für uns arbeiten!« Und die *yuwipi-Tunkashilas* sagten: »Nein, du wirst bei uns bleiben!« Und wenn er in einer Zeremonie war, stritten sich die verschiedenen *Tunkashilas* um ihn. In einer Zeremonie packte ein Mann meinen Großvater am Arm, öffnete die Tür, schob ihn in einen Raum und schloß die Tür. Als er sich umdrehte, sah er, daß es gar keine Tür gab. Doch waren viele Leute da. Sie hatten sich in zwei Gruppen aufgeteilt, und in der Mitte zwischen ihnen war ein Gang. Mein Großvater begann, ihn zu beschreiten, und auf der einen Seite schrien sie: »Komm hierher!« Von der anderen Seite brüllten Stimmen: »Nein, komm zu uns!« So ging es eine ganze Weile lang. Die *Tunkashilas* kämpften um ihn. Dann ging er noch einmal durch die Mitte und wandte sich schließlich nach links. Alle Leute auf dieser Seite fingen an zu jauchzen und zu schreien, weil mein Großvater auf ihre Seite gekommen war. Und dann stand mein Urgroßvater, der die *yuwipi*-Medizin hatte und auf der rechten Seite stand, auf und sagte: »Sohn, das war schlecht. Du hast mir weh getan.« Weil er die andere Seite gewählt hatte.

Mein Großvater hatte also die *five stick*-Medizin gewählt, und von da an konnte er jedes Problem wieder gut machen. Was auch immer mein Urgroßvater auf Geheiß seiner *Tunkashilas* tat, mein Großvater konnte das Schlechte unschädlich machen. Er konnte die Medizin seines Vaters kontrollieren.

Mein Urgroßvater starb 1916. Als er geboren wurde, hatten die *Tunkashilas* ihm gesagt: »Du wirst 80 Jahre lang leben.« Sie gaben ihm diese Lebensspanne, die seither für alle Medizinmänner und -frauen in unserer Familie gilt. Jeder stirbt vor Vollendung seines 81. Lebensjahres. Sie mögen 80 Jahre und elf Monate alt werden, aber keiner von ihnen erlebt seinen 81. Geburtstag. Das hat sich bereits sechsmal bewahrheitet. Die letzte Medizinfrau in unserer Familie war eine Schwester meines Großvaters. Sie starb, als sie achtzigeinhalb war. So lange leben wir, doch nicht länger.

Am 10. Mai 1909 wurde mein Vater Ellis Chipps geboren. Das ist der Name, den ihm die Regierung in Washington gegeben hat. Sein Lakota-Name lautet Fast

Waterbird (Schneller Wasservogel). Als er noch ein kleiner Junge war, sagten ihm eines Tages im *inipi* die *Tunkashilas:* »Niemand auf der Welt kann dir ins Gesicht schauen und dich belügen.« Und das stimmte; niemand konnte ihm eine Lüge auftischen, weil mein Vater immer die Wahrheit wußte. Man erzählte ihm irgendwas, und jedesmal konnte er die Wahrheit von der Lüge unterscheiden, einfach so. Außerdem sagten ihm die *Tunkashilas:* »Was immer ein anderer nicht tun kann, und er kommt damit zu dir, du kannst es für ihn tun.« Und so war es, ich habe es unzählige Male selbst gesehen.

Als mein Großvater alt wurde, verließen ihn seine Kräfte mehr und mehr. Seine Leute wollten, daß er wieder stark wird. Also ging er in *yuwipi*-Zeremonien, doch die *Tunkashilas* weigerten sich, ihm zu helfen. Statt dessen berichteten sie ihm, was die Leute, denen er in der Vergangenheit geholfen hatte, alles falsch gemacht hatten: »Als du damals die Zeremonie in Cherokee Creek gemacht hast, haben die Leute nicht alles so vorbereitet, wie es notwendig war, doch du hast die Zeremonie für sie trotzdem durchgeführt. Wir halten dich dafür verantwortlich. Und diesen Menschen da drüben hast du geholfen, und sie haben dir keine *chanunpa* gegeben. Auch dafür halten wir uns an dir schadlos.« Einige Leute hatten bei der Vorbereitung der Zeremonien Fehler gemacht, und andere hatten nicht das getan, was sie hätten tun müssen, und für all das machten die *Tunkashilas* meinen Großvater verantwortlich. Die *Spirits* sind unbarmherzig. Sie verlangen eine Gabe im Ausgleich für ihre Hilfe. Und wenn die Menschen, die von ihnen profitiert haben, ihre Versprechen nicht einhalten, muß irgend jemand dafür zahlen. Und oft sind wir es, die zahlen müssen.

So ging es 18 Nächte lang. Und kurz vor dem Ende der letzten Zeremonie in der 18. Nacht sagten die *Tunkashilas* zu meinem Großvater: »Deine Geschichte endet hier. Morgen, wenn die Sonne ihren höchsten Punkt überschritten hat, wird dein Atem aufhören.« Sie nahmen ihm fünf Jahre seines Lebens weg, denn er war erst 75.

Mein Vater hielt meinen Großvater in seinen Armen. Als also die *Tunkashilas* erschienen und meinem Großvater diese Dinge sagten, hörte mein Vater jedes Wort. Er hatte nicht das Recht, den *Tunkashilas* Fragen zu stellen, doch durch meinen Großvater war er in der Lage, alles zu hören, was sie sagten. Als er erfuhr, daß sein Vater am nächsten Tag sterben würde, begann er zu weinen. Mein Großvater unterbrach ihn: »*Chinks* (Sohn), diese Dinge sind so, wie sie sein müssen. Was die *Tunkashilas* sagen, ist die Wahrheit. Ich habe lange genug mit ihnen gearbeitet, um zu wissen, wo sie sind, wenn mein Atem aufhört. Und dort werde auch ich dann sein. Wenn du also gebrochenen Herzens bist oder irgendwelche Sorgen hast, füll deine *chanunpa,* gehe allein hinaus in die Prärie, sing dein Lied, bete zu mir, und ich werde zu dir kommen und dir helfen.« Und ich habe es erlebt, viele Male geschah es genau so.

Am Morgen seines Todes – es war der 31. Januar 1946 – sagte mein Großvater zu meinem Vater: »Bald werden ein paar Enkel kommen. Sie sollen meinen Tod nicht miterleben. Bring mich in die Stadt zu meinem Bruder. Dort werde ich sterben.« Also legten sie ihn auf den Wagen und fuhren mit ihm nach Wanblee zum Haus seines Bruders. Als sie dort ankamen, war die Sonne genau in der Mitte des Himmels. Mein Vater und die Schwester meines Großvaters saßen die ganze Zeit bei ihm und hielten ihn in den Armen. Dann sagte mein Großvater: »Chinks, du hast noch einen langen Weg vor dir. Ich möchte nicht, daß du mich gehen siehst. Wenn der Zeitpunkt kommt, werde ich mit dem Kopf nicken, und du wirst aus dem Raum gehen, einen Spaziergang machen, zurückkommen und mich sehen.« Mein Vater tat, wie ihm geheißen. Er umarmte seinen Vater, ging aus dem Zimmer und machte einen langen Spaziergang. Dann kehrte er um und ging ins Haus zurück – und wie angekündigt, war mein Großvater in der Zwischenzeit gestorben.

Nach dem Begräbnis fuhr mein Vater aufs Land zurück. Alles sah so aus, als wäre Großvater nur mal kurz hinausgegangen und würde jeden Moment zurückkommen. Er weinte: »Vater, Vater!« Und von der Decke des Zeremonienraumes hörte er die Stimme meines Großvaters, die ihm zurief: »Sohn, weine nicht!« Einfach so. Dann wußte er, daß der Geist seines Vaters nicht gestorben war! Und so ist es bis heute geblieben.

Mein Vater war kein Medizinmann. Er hatte nur durch meinen Großvater zu dessen Lebzeiten verstehen können, was die *Tunkashilas* sagten. Mein Vater war ein Mann, der vieles ausprobierte. Wenn zum Beispiel mein Großvater eine Zeremonie durchführte und die *Tunkashilas* ihm sagten »Dein Sohn sollte lieber nicht mit diesem Auto fahren. Tut er es trotzdem, wird er einen Unfall haben. Er wird nicht sterben, doch Verletzungen erleiden«, so fuhr mein Vater trotzdem mit dem Auto, hatte einen Unfall und war verletzt. Doch eines Tages kam in einer Zeremonie ein Rassel-Träger zu ihm und sagte: »Junge, du hörst nicht auf das, was wir dir sagen. Du wirst zwar nicht sterben, aber auf die harte Art lernen müssen, unseren Worten zu folgen.« Von da an wurde ihm nie mehr gesagt, welchen Weg er gehen sollte. Er tastete sich wie ein Blinder durch viele schwierige Situationen hindurch, und oft liefen ihm Tränen übers Gesicht. So ging er von da an durchs Leben.

Als mein Vater jung war, gab es noch die Prohibition. Vor allen Dingen Indianern war es nicht erlaubt, Alkohol zu trinken. Mein Vater jedoch scherte sich nicht darum. Er stellte Moonshine (hausgemachten Alkohol) her und versorgte damit die Nachbarschaft. Von Cody in Nebraska bis nach Winner, South Dakota. Eines Tages nahm ihn die Polizei mit einer Flasche White Ligthning fest. Obwohl sie beinahe leer war, gaben sie ihm dafür zwei Jahre Gefängnis. Während er seine Strafe absaß, starb seine Mutter. Und niemand sagte es ihm, niemand schrieb ihm: »Deine Mutter ist gestorben.« Nichts. Als sie ihn dann aus dem Gefängnis entließen, fuhr er mit dem Bus nach Kadoka unmittelbar außerhalb des Reservats. Von dort sind es ungefähr 25 Meilen bis nach Wanblee, wo seine Familie lebte. Während er die letzten Kilometer zurücklegte, kamen ihm sein Vater und andere Leute entgegen, um ihn zu empfangen. Sie umarmten ihn und schluchzten. Er wußte nicht, was geschehen war, und fragte: »Was ist los?« Also erzählten sie es ihm: »Vor einem Monat haben wir deine Mutter beerdigt.« Als er das hörte, brach er in Tränen aus und konnte nicht aufhören zu weinen. Hätte mein Vater nur auf die *Tunkashilas* gehört, als sie ihm sagten »Gehe nicht diesen Weg. Tue nicht dies, tue nicht das!« Wenn er ihren Instruktionen gefolgt wäre, hätten sie mit ihm zusammengearbeitet. Doch er hatte nicht auf sie gehört und stets das Gegenteil getan.

Also mußte er seine Lektionen unter Schmerzen lernen und wurde dadurch ein sehr demütiger Mensch, und so wuchsen auch meine Brüder und ich auf. Wann immer jemand in dein Haus kommt, teilst du mit ihm, was du hast, selbst wenn es nur wenig ist. Es gibt keine Ausnahme. Das haben uns unsere Eltern vorgelebt, und so leben auch wir. Man lehrte uns, anderen Menschen mit großem Respekt zu begegnen. Zum Beispiel war es nicht üblich, mit der eigenen Schwiegermutter zu reden. Das war tabu, man schaute sie nicht einmal an, eine Frage von Respekt und Achtung. Wenn du ihr was mitzuteilen hattest, hast du deine Frau gebeten, es ihr zu sagen. Auf dem Grabstein meines Vaters steht: »Ich wurde geliebt, geehrt und respektiert.« Und so ist es.

Mein Vater war der einzige Sohn gewesen. Und wenn die Leute meinem Großvater nach den Zeremonien Geld geschenkt hatten, versteckte er immer einen Teil davon für seinen Sohn. Wenn dieser dann von einer seiner Reisen nach Hause zurückkam, rief mein Großvater ihn zu sich: »Hey, Sohn, komm her! Ich habe ein bißchen Geld für dich!«

Manche meiner Tanten wußten, daß er immer irgendwelche schönen Dinge und Geld für seine Zeremonien bekam, und sie nahmen ihn aus wie eine Weihnachtsgans, denn er sagte nie nein zu ihren Forderungen. Sie sagten: »Alter Mann, gib uns all dein Geld!« Und er gab es ihnen, abzüglich dem, was er für seinen Sohn beiseitegeschafft hatte.

Das Land, auf dem wir leben, werden wir nie verkaufen. Wo auch immer wir in der Welt sein werden, dieses Land wird immer für uns da sein, wenn wir zurückkommen. Mein Vater hat viele Jahre in Wanblee gelebt, doch kurz vor seinem 80. Geburtstag habe ich ihn auf unser Land hier draußen zurückgeholt. Und hier ist er gestorben.

Godfrey Chips, August 1997
© John R. Lawrence MA, Seattle, WA, USA

Bevor ich meine eigene Geschichte erzähle, will ich die verschiedenen Arten der Medizin beschreiben.

Zunächst gibt es das *yuwipi,* was soviel heißt wie »fesseln, binden«. Hierbei handelt es sich um eine Heilungszeremonie.

Dann haben wir die *five stick*-Zeremonie, in der wir geistige Führung erhalten und Antworten auf wichtige Fragen bekommen. Die *Tunkashilas* sagen: »Die *five stick*-Zeremonie ist machtvoller als das *yuwipi*.« Warum ist das so? Weil eine Heilungszeremonie nur mit Heilen zu tun hat, während die *five stick* in jeder Situation Hilfe und Antworten gibt. Zum Beispiel kannst du erfahren, was mit Personen geschehen ist, die vermißt werden. Das dauert vier volle Nächte. In jeder Nacht beten wir zu einer der vier Himmelsrichtungen: Süden, Osten, Norden, Westen. Und nach der vierten Nacht sagen die *Tunkashilas* uns, wo die Person gefunden werden kann. Und tatsächlich, genau so ist es. Doch in all diesen Situationen ist die vermißte Person nicht mehr am Leben.

Ein Fall, mit dem ich zu tun hatte, war der eines jungen Mannes aus einer Familie der Lower Brulé Estes (Lakota-Stamm in South Dakota) aus Fort Thompson. Ihr Sohn war verschwunden. John Fire Lame Deer brachte uns den Fall und sagte: »Dies ist eine schwierige Situation. Ihr Sohn wird vermißt, und seine Leute befürchten, daß er ertrunken ist.« Also führten wir vier Nächte lang *five stick*-Zeremonien durch. Ungefähr 80 Meilen entfernt im Lower Brulé-Reservat fand zur gleichen Zeit ein *Powoww* statt. Dort ging ein Polizist auf die Estes-Familie zu, zeigte ihnen ein Foto und fragte den Vater: »Ist dies dein Sohn?« Er antwortete: »Ja.« Und das war am vierten Tag. Ich hatte den Sohn in der Zeremonie gesehen, wie er im Fluß um sein Leben kämpfte. Er kam nur zweimal an die Oberfläche, dann versank er im Wasser und verschwand. Er war ertrunken. Ich sagte seiner Familie, was ich gesehen hatte. Wir zogen ihn am selben Tag aus dem Missouri, nicht weit weg von hier. So wurde er wieder mit seiner Familie vereint. Es war sehr traurig.

Wenn wir jedoch versuchen, die Zeremonie zu beschleunigen und in ein, zwei oder drei Nächten herauszufinden, was geschehen ist, dann gibt es dafür eine Strafe, und ein Leben wird für das andere genommen. Vielleicht ist die vermißte Person noch nicht tot, doch jemand anders muß dann sein Leben für sie geben. Daher ist es von größter Wichtigkeit, alles entsprechend den Regeln zu tun.

Dann haben wir die *hanblecha walpi*, das »Flehen um eine Vision« (*Vision Quest*). Das dauert vier Tage und vier Nächte. Außerdem gibt es die *wocheka walpi* (eine kürzere Form des *Vision Quest*), die zwischen einer und drei Nächten dauert. Der Unterschied besteht darin, daß eine *hanblecha* nur ein einziges Thema beinhalten kann, nie zwei oder mehr.

Wenn wir also auf dem Berg vier Tage und Nächte lang um die Weisheit der *chanunpa* beten, werden wir fragen: »Was ist die *chanunpa*? Was ist die *chanunpa*? Was ist die *chanunpa*?« Wenn du alles aufgeben kannst, was für dein Überleben notwendig ist – Nahrung, Wasser, Schlaf -, so sagen die *Tunkashilas,* dann wird deine Frage beantwortet werden. Manchmal kommen Leute zu mir und sagen: »Ich habe eine Woche lang gefastet und nur Saft getrunken. Ich bin bereit, vier Tage auf den Berg zu gehen.« Dann anworte ich ihnen: »Nein. Noch nicht. Du mußt dich ein ganzes Jahr lang auf eine bestimmte Art verhalten, bevor du ein *Vision Quest* machen kannst. Und du mußt einen ganz bestimmten, klar formulierten Grund haben.« Um dich während dieser vier Tage und Nächte zu konzentrieren, nach Möglichkeit mit geschlossenen Augen, dabei deine Pfeife zu halten und immer wieder zu fragen: »Was ist die *cha-nunpa?*«, brauchst du eine Menge Disziplin. Gegen Ende des dritten Tages wirst du dann wissen, was die *cha-nunpa* ist und wirst herausfinden, wie sie entstanden ist; du wirst ihre heilige Macht erfahren und wissen, was sie alles tun kann.

Beim *wocheka walpi* betet der Betreffende ein bis drei Tage und Nächte für alles, was er erreichen oder wissen will. Und die Träume werden zu ihm kommen von den Bäumen, Pflanzen, Tieren und Menschen. Wenn er nicht in seiner Mitte ruht, wird er verwirrter vom Berg herunterkommen, als er heraufgegangen ist – er wird überhaupt nicht mehr wissen, was er tun oder glauben soll.

Darin besteht also der Unterschied zwischen diesen beiden *hachokas*.

Dann haben wir noch die *chanunpa*-Zeremonie. Und an dieser Stelle möchte ich erzählen, wie die *chanun-pa* zu den Lakota gekommen ist.

In einem Traum sah vor langer Zeit ein heiliger Mann der Lakota eine junge Frau in einem bestickten Wildle-derkleid ins Dorf kommen, die so schön war, daß kei-ne andere Frau mithalten konnte.

Nachher sagte er den Leuten: »Ein guter und ein schlechter Mann sollen ihr entgegengehen.« Also wähl-ten sie einen wirklich guten Mann aus und einen, der faul und verschlagen war. Die beiden sattelten ihre Pferde und ritten davon. Sie erklommen einen großen Hügel, und als sie oben angekommen waren, sahen sie eine Frau, die sich ihnen näherte. In der Hand trug sie ein rotes Bündel, und der schlechte Mann sagte zu dem anderen: »Sie ist hübsch. Komm, wir wollen sie uns neh-men.« Sein Begleiter antwortete ihm: »Nein, tu das nicht.

Es sieht so aus, als käme sie in einer besonderen Angelegenheit.« Sie ritten beide den Hügel hinab. Als sie näherkamen, schichtete die Frau ein paar Büffelfladen übereinander und legte ihr Bündel darauf. Dann schaute sie den schlechten Mann an und sagte zu ihm: »Komm her und mach mit mir, was du willst.« Sie muß von weitem seine Worte gehört haben, als er auf dem Hügel zu seinem Kameraden sprach. Dieser versuchte, ihn zurückzuhalten, aber ohne Erfolg. Er ging auf die Frau zu, legte sie auf den Boden, und in dem Moment, als er auf sie steigen wollte, kam ein Nebel und hüllte den Mann und die Frau ein. Nachher erzählte der gute Mann den Leuten: »Er schrie wie ein Tier, als der Nebel kam und sie beide bedeckt hatte. Und als er sich wieder lichtete, stand die Frau auf, und von dem Mann war nichts übrig als Knochen. Kein Fleisch, kein Blut, nur Knochen!« Die Frau reinigte sich mit einem Büschel Salbei, und der andere Mann wollte gerade in Panik davonreiten, als die Frau ihm zurief: »Warte, warte!« Also blieb er stehen. Die Frau nahm ihr rotes Bündel, ging auf den Mann zu und sagte zu ihm: »Geh zurück und sorge dafür, daß eure *Teepees* in einem Kreis angebracht sind, deren Eingänge nach Osten zeigen. In der Mitte errichtet ihr ein besonderes *Teepee,* in das ihr ein paar Büffelfladen, Salbei und ein wenig rotes Gras legt.« Daraufhin ritt der Mann zurück zu seinen Leuten und wies sie an, das zu tun, was die Frau ihm aufgetragen hatte. Als sie damit fertig waren, sahen sie in der Ferne die Frau, die langsam näherkam. Als sie den Rand des Dorfes erreicht hatte, blieb sie stehen. Dreimal machte sie ein paar Schritte, und jedes Mal hielt sie wieder inne. Auf diese Weise umschritt sie das Dorf, und nachdem sie das vierte Mal stehengeblieben war, ging sie direkt in das *Teepee* in der Mitte. Daher kommt es, daß der Mensch alles, was er in Angriff nehmen will, viermal versuchen soll. Und wenn es denn sein soll, wird es spätestens nach dem vierten Mal geschehen.

Nachdem die Frau das *Teepee* betreten hatte, nahm sie aus ihrem roten Bündel die *chanunpa* und erklärte den Leuten die Bedeutung der Pfeife. Der rote Pfeifenkopf repräsentiert die Erde und alles, was *in* ihr lebt. Der hölzerne Griff steht für alle Lebewesen *auf* der Erde. Wir nehmen diese beiden Aspekte zusammen, und was für uns auf der Erde notwendig ist, um existieren zu können, das geben wir der *chanunpa:* Feuer, Luft und Wasser. Diese Elemente bringen wir der Pfeife. Du zündest sie an, das ist das Feuer. Der Rauch ist die Luft. Und wenn sie im Kreis herumgereicht und von allen geraucht wird, rinnt Wasser im Inneren ihres Griffes entlang, das sich aus dem Speichel der Leute gebildet hat. Und auf diese Weise ist die Pfeife ein Lebewesen. Wenn wir mit ihr beten, müssen unsere Worte immer aus unseren Herzen kommen, nie aus dem Kopf. Denn dort herrscht ungeheure Verwirrung, und nur in unseren Herzen ist Frieden. Wenn Leute darüber reden, die ganze Welt heilen zu wollen, sollten sie wissen, daß wir zunächst den Geist heilen müssen. Danach kann alles andere problemlos geheilt werden. Der Geist ist das wichtigste.

Dann haben wir noch die *inipi*-Zeremonie (Schwitzhütte). Jeder, der wegen einer Heilung zu uns kommt, muß durch ein *inipi* gehen. Dabei werden die *Tunkashilas* deinen Geist reinigen und heilen, denn das muß als erstes getan werden. Du kannst nicht die Heilung des Körpers suchen und dabei den Geist verwirrt und unsauber lassen. Der Geist muß zuerst gereinigt werden.

Danach sagen die *Tunkashilas* dem Betreffenden, was er zu tun hat, zum Beispiel *tobacco ties* anzufertigen, auf den Berg zu gehen oder was immer es sein mag. Sie zeigen ihm den Weg. Und wenn er diese Dinge nicht tun kann, dann fordern sie ihn auf, nie mehr zurückzukommen. Doch wenn er alles durchführt, wie sie ihm gesagt haben, dann werden sie sich um ihn kümmern; sie werden seine Schmerzen wegnehmen und seine Krankheiten heilen. So ist es. Ich habe es jetzt 29 Jahre lang immer wieder erlebt.

Und ich sage dir, von den vielen Leuten, die zu mir kamen, sind nur wenige bereit gewesen, diese Anweisungen zu befolgen und jeden Morgen vor Sonnenaufgang aufzustehen, um mit ihrer Pfeife zu beten, für ihre Familie und alle Lebewesen auf der Erde.

Vor drei Jahren nun erhielt ich von den *Tunkashilas* folgende Anweisung. Sie sagten: »Wenn du die *chanunpa* füllst, müssen die ersten Gebete für die Kinder sein und für alle, die noch nicht geboren sind. Sie sollen deine Gebete als erste erhalten.« Also schicken wir unsere Gebete zu unseren Kindern und zu den ungeborenen Generationen, damit sie Verständnis und das Wissen um die Liebe bekommen. Wir beten von ganzem Herzen und bitten darum, daß sie beschützt werden. Kinder sind heilig. Solange ein Mensch ohne Sünde ist, ist er heilig.

Die *Tunkashilas* sagen: »Gehe deinen Weg bewußt.« Wir müssen zu allen Zeiten bewußt sein, müssen lernen, auf unsere Instinkte zu hören. Wenn wir zum Beispiel eine Straße hinunterfahren und plötzlich das Gefühl haben, nach links abbiegen zu wollen, dann sollten wir diesem Impuls folgen, denn mit Sicherheit werden wir etwas entdecken oder jemandem begegnen, was immer es sein mag. Oder vielleicht lauert eine Gefahr auf der Straße, auf der du fährst. Doch weil du diesem plötzlichen Drang zum Abbiegen gefolgt bist, wird dir nichts passieren. Du wirst dich vielleicht fragen: »Warum hat es mich hierher gezogen?« Du weißt es nicht. Doch es könnte sein, daß du dadurch vor etwas bewahrt wurdest, was auf deinem Weg lag, etwas, das dir physischen Schaden zugefügt oder dich sogar das Leben gekostet hätte. Du solltest immer deinen Instinkten vertrauen.

Soviel zu den verschiedenen Zeremonien.

Als mein Großvater starb, nahm er seine *yuwipi*-Medizin mit. Doch hatten wir noch die Instruktionen für die *chanunpa*-Zeremonie, die er meinem Vater gegeben hatte. Also begannen wir mit Pfeifenzeremonien. Mein Onkel Moves Camp machte noch immer seine *five stick*-Zeremonien, aber sonst nichts. Manchmal nahmen wir unseren alten Wagen und fuhren zu ihm. Es gab damals keine Zäune im Reservat, und er wohnte ungefähr fünf Kilometer geradeaus über die Felder, und genauso fuhren wir dann zu ihm. Mein Onkel nannte mich *chinks,* Sohn, und wann immer er mich sah, sagte er: »Komm her, setz dich neben den Altar.« Und das war jedesmal faszinierend, weil man in dem Altar aus Maulwurferde, den er vor sich aufgebaut hatte, immer so etwas wie Gewitterblitze sehen konnte. Moves Camp würde sagen: »Zeigt euch!« Und überall erschienen Funken blauen Lichts, wie Leuchtkäfer, die aufglühten und wieder verschwanden. Und er befahl diesen Geistern und sprach zu ihnen in Lakota, und genauso antworteten sie ihm. Was immer er sie fragte, sie sagten es ihm. Und das erregte aufs höchste meine Aufmerksamkeit. Zuerst war mein Onkel immer allein, aber wenn er anfing, mit diesen Lichtern zu sprechen, konnte man Schritte hören, die den Raum betraten. Die *Tunkashilas* waren hier, und du konntest sie überall im Raum herumflackern sehen als kleine blaue Lichter. Und dann begann er eine Konversation mit ihnen. Sie sagen alles nur einmal. Man kann nicht fragen: »Was war das gerade? Was habt ihr gesagt?« Nein, wir müssen voll bewußt sein und gleich beim ersten Mal genau verstehen, was gesagt wird, denn es gibt kein zweites Mal. Man muß total konzentriert sein.

Im Laufe der Zeit verlor mein Onkel seine Kraft. Er war beinahe 80 Jahre alt, und das ist unser Limit.

Wir alle gingen zu seiner Beerdigung. Es war sehr traurig, einen Mann wie ihn zu verlieren, wirklich über alle Maßen traurig. Ich stand neben seinem Sarg, bevor er geschlossen wurde; ich weinte und rief immer wieder seinen Namen: »Papa Sam! Papa Sam!« Und tatsächlich, ungefähr einen halben Meter über der Stelle, wo er lag, hörte ich seine Stimme, die sagte: »Nein, mein Sohn, ich bin nicht tot.« Im selben Moment fühlte ich eine enorme Erleichterung in meinem Herzen, denn ich wußte, daß mein Großvater meinem Vater dasselbe gesagt hatte, nämlich daß er immer bei ihm sein würde. Das war ein großer Segen. Und bis auf den heutigen Tag können wir in unseren Zeremonien Zeichen aufstellen, die sie repräsentieren, und dadurch mit ihrem Geist Kontakt aufnehmen. Sie kommunizieren mit dir, als seien sie nie gestorben.

Von da an – ich war ungefähr sieben Jahre alt – hörte ich manchmal am Tag, manchmal in der Nacht dieselben Stimmen, die auch zu meinem Onkel gesprochen hatten. Es war wie ein pfeifendes Geräusch, mehr konnte ich nicht verstehen. Ich sagte zu meinem Vater: »Onkel Sams *Tunkashilas* sind hier.« So ging das ungefähr sechs Jahre lang. Ich betete und sprach zu ihnen, und als ich dreizehn war, träumte ich eines Nachts, daß ich um eine Vision flehen sollte, und zwar um die *yuwipi*-Medizin selbst. Ich wollte wissen, wer die *Tunkashilas* sind. Mein Vater war zwar kein Medizinmann, aber er wußte darum von seinem Vater und seinem Großvater. Er sagte: »Sohn, diese Dinge sind hart!« Doch ich war jung, mein Körper und meine Seele waren noch rein. Also bereitete mich mein Vater für ein viertägiges *hanblecha* vor. Zum Schluß sagte er zu mir: »Chinks, wenn dein Hunger oder Durst zu groß wird und du es nicht mehr aushalten kannst, komm wieder nach Hause.«

Wir gingen weit in die *Badlands*[2] hinein. Dort sollte ich vier Tage und Nächte allein sein. Es war später Nachmittag, als wir ankamen. Mein Vater bereitete die Stelle vor, an der ich mich aufhalten würde. Er stellte die Flaggen auf für die vier Himmelsrichtungen und breitete die 405 *tobacco ties*, die meine Mutter und Schwester gemacht hatten, in einem Kreis um den Salbei aus, auf dem ich sitzen sollte. Es war nur ein klein wenig Salbei, nicht wie ein Bett, auf das ich mich legen und einschlafen konnte. Mein Vater sagte: »Halte deine Pfeife immer gerade, laß sie nie den Boden berühren.« Mit diesen Worten ging er. Ich schaute mich nach ihm um, doch er war schon weg. Ich kletterte auf den kleinen Hügel in der Nähe, doch ich konnte ihn nirgends sehen. »O Gott, ich bin ganz allein hier draußen. Die Koyoten werden kommen und mich fressen!« Viele solcher Gedanken schwirrten in meinem Kopf herum. Mein

---

[2] Hügel aus Sandstein und mit wenig Vegetation in South Dakota. Eine absolut magische Landschaft.

Vater hatte mir gesagt: »Durch diese 405 *tobacco ties*, die dich umgeben, wirst du beschützt sein. Wenn du aber den Kreis verläßt, bist du auf dich selbst gestellt und hast keinen Schutz mehr.« Ich klammerte mich an diese Worte. Egal, welche Schreie und Geräusche ich während der nächsten vier Tage und Nächte auch hörte, ich blieb innerhalb des Kreises der *tobacco ties*.

Irgendwann in der zweiten Nacht hörte ich etwas, das meine Ohren als eine Papiertüte identifizierten oder eine Zeitung, die über das spärliche Gras rollte, vorwärtsgetrieben von kleinen Windstößen. Hier und da blieb sie in den Büschen hängen, bis die nächste Bö sie losriß und weiterblies. Mit jedem Windstoß kam mir dieses Ding näher. Ich saß in westlicher Richtung, und aus den Augenwinkeln konnte ich dieses Papier oder was immer es war direkt auf mich zufliegen sehen. Dann überquerte es die *tobacco ties*, und als es vor mir zum Stillstand kam, war es so, als hätte jemand einen Eimer voller Knochen genau vor mir ausgeleert. Es war kein Papier, sondern ein Skelett. Oh, ich schloß meine Augen so fest ich konnte, und als ich sie wieder öffnete, waren die Knochen verschwunden. Von da an bis zum Ende meines *hanblecha* konnte ich die pfeifenden Geräusche hören. Während der ganzen Zeit war ich weder hungrig noch durstig.

Am vierten Morgen vor Sonnenaufgang hörte ich eine Stimme, die sagte: »Nimm dies!« Und eine eingewickelte Medizin wurde in meine Hand gelegt. Ich nahm sie, reinigte meine Hände damit und rieb sie auf meine Ohren und über meinen ganzen Körper. Dann sagte die Stimmen zu mir: »Steh auf, Junge!« Und in der nächsten Sekunde befand ich mich noch tiefer in den Badlands. Dieser Mann, der mich am Arm gepackt hielt –

ich war erst dreizehn und hatte noch dünne Arme – sagte zu mir: »Von jetzt an, bis wir fertig sind, halte deine Augen geschlossen!« Ich tat, wie mir befohlen. Nicht ein einziges Mal stolperte ich oder rannte gegen irgend etwas an. Er führte mich um eine Biegung und hinunter in ein Camp am Fuße eines Hügels. Man konnte Männerstimmen hören, Frauen, die miteinander sprachen, und die Geräusche spielender Kinder. Sie alle lachten, niemand war traurig oder weinte, keiner beklagte sich. Es war sehr warm; ich konnte die Hitze auf meiner Haut spüren, aber niemand beschwerte sich darüber. Es gab nicht die geringsten Klagen. Nichts. So sehr ich auch meine Augen nur ein wenig öffnen und ein paar Blicke erhaschen wollte, ich tat es nicht. Ich wußte, daß ich den Anweisungen folgen mußte. Ich hielt meine Augen geschlossen. Die Menschen im Camp waren glücklich, mich zu sehen, so als gehörte ich zur Familie und sie hätten mich seit vielen Jahren nicht gesehen. Sie wußten, wer ich war, doch niemand berührte mich. Sie führten mich direkt in die Schwitzhütte und forderten mich auf, westlich von der Grube zu sitzen, in die die heißen Steine gelegt werden. Es waren bereits Männer da, und nachdem ich meinen Platz eingenommen hatte, kamen noch mehr herein. Dann wurden die Steine hereingebracht. Und bei jedem Stein, den sie in die Grube legten, konnte ich seine Hitze fühlen. In diesem *inipi* gaben sie mir Anweisungen, wie das Feuer für die Schwitzhütte gemacht werden muß und wie die Steine in der Hütte in Empfang genommen werden sollen, wo sie hingelegt werden müssen, wo die Pfeife liegen und wann sie angezündet werden soll. Alle diese Instruktionen wurden mir gegeben. Dann sagten sie: »Du wirst unser Interpret sein. Was immer wir dir sagen und wie wir es dir sagen, genauso wirst du es den Menschen weitergeben. Lasse nichts aus, nicht ein Wort, und füge unseren Anweisungen und dem, was wir dir sagen, nichts hinzu. Einzig und allein unsere Worte wirst du weitergeben.« So war es, und so ist es geblieben.

Als das *inipi* vorbei war, gab es viele köstliche, traditionelle Speisen, von getrocknetem Mais und Steckrüben bis zu Wild-, Büffel- und Antilopenfleisch. Und obwohl ich noch immer meine Augen geschlossen hatte, konnte ich das alles sehen. Man gab mir ein wenig von jeder Speise und hinterher Wasser zum Trinken. Sie sagten: »Wir sind fertig. Wir werden dich jetzt nach Hause bringen!« Ich dachte: »Oh, diese Fahrt werde ich bestimmt genießen! Vielleicht kann ich wie aus einem Flugzeug auf die Welt runterschauen!«

Doch dem war nicht so. Unmittelbar nachdem sie gesagt hatten, daß sie mich nach Hause bringen würden, in dem Augenblick, den es braucht, um einmal mit den Fingern zu schnipsen, stand ich auch schon vor dem Haus meiner Eltern. Sie waren gerade dabei, die *chanunpa* anzuzünden, als ich durch die Tür kam. Mein Vater rief: »Wer ist da?« Ich antwortete: »Ich bin es, Vater!« Er kam mir entgegen und fragte: »Wie bist du hierher gekommen? Was ist passiert?« Ich erzählte ihm alles. Und entsprechend den Anweisungen der *Tunkashilas* führten wir am gleichen Abend eine *five stick*-Zeremonie durch. Wir machten 405 *tobacco ties*, von denen jede einzelne ein Gebet enthielt. Nachdem die Vorbereitungen abgeschlossen waren, die Speisen, die meine Mutter zubereitet hatte, vor dem Altar aufgestellt worden waren und ich vor dem Altar stand, sah ich alle diese Gebete in den *tobacco ties*. Es war, als läse ich ein Buch! Selbst die Speisen waren voller Gebete. Und dann sagte eine Stimme: »Dein Vater denkt dies, deine Mutter jenes, und dein Bruder das.« Während mein Vater und mein Bruder mich fesselten, kamen all diese Informationen zu mir. Dies war eine echte *hochoka,* bei der mir keine Lebenskraft genommen wurde, denn die Gedanken aller Anwesenden waren rein und gut. Und so sollte es immer sein. Wenn jemand *tobacco ties* macht, sollte jede einzelne ein Gebet enthalten.

Doch heutzutage ist das oft nicht der Fall. Wenn wir den Leuten sagen, sie sollen *tobacco ties* knüpfen, sitzen sie oft mit anderen zusammen, anstatt sich allein irgendwohin zurückzuziehen. Wenn jemand sie anspricht, dann unterbrechen sie ihre Tätigkeit für einen Moment und reden mit demjenigen. Nun ist es aber so, daß alles, was in so einem Gespräch enthalten ist, in diese *tobacco ties* fließt.

Wer auch immer der Mensch ist, der in so einem Moment mit uns redet, was auch immer sein Problem ist, bis hin zu seinen Ahnen, all das wird Teil unserer Gedanken und findet somit seinen Weg in die *tobacco ties*, die wir gerade machen. Und das ist nicht gut. Daher sage ich zu jemandem, der eine Zeremonie haben will: »Geh und mach *tobacco ties*. Sieh zu, daß du allein und ungestört bist.« Der Betreffende muß allein sein, mit nichts anderem als mit dem Knüpfen seiner *tobacco ties* beschäftigt. Denn wenn er es nicht richtig macht, verringert das in der Zeremonie meine Energie und nimmt mir einen Teil meiner Lebenskraft, so wie es meinem Großvater passiert ist. Wenn derjenige, der die *tobacco ties* anfertigt, mit anderen zusammensitzt, sind vielleicht die ersten zehn in Ordnung, doch dann hört er, wie jemand vom letzten nationalen Baseballspiel redet oder ähnliches. Er wird abgelenkt. Oder jemand anders summt ein Lied vor sich hin, ein paar Leute plaudern miteinander, und all das vermischt sich mit seinen Gebeten, die in die *tobacco ties* fließen.

Tunkashila sagt, daß ein Gleichgewicht bestehen muß. Wenn ich gefesselt auf dem Boden liege, weiß ich genau, wieviel von meiner Energie mir genommen werden wird, um wieviel sich meine Lebenskraft verringern wird, damit ein Gleichgewicht zwischen den von Herzen kommenden Gebeten und der Bitte um Hilfe hergestellt wird. Zeigen sich dann Löcher, Abstände, muß meine Energie, mein Körper diese Löcher auffüllen, damit die Kraft im Gleichgewicht bleibt. Erst dann werden die *Tunkashilas* kommen. So funktioniert das, nichts ist umsonst.

Das Leben wird immer wieder Gleichgewicht herstellen. Wenn du ständig nur nimmst und nichts gibst, dann werden die *Tunkashilas* eines Tages zu dir sagen: »Du hast genug bekommen, jetzt gibt es nichts mehr!« Und wenn sie das sagen, werden sich die Dinge aprupt ändern, ich habe es oft genug erlebt. Wir können hier sitzen, und alles ist in Ordnung; dann setzen wir uns ins Auto, fahren die Straße runter, und an der nächsten Kreuzung fährt ein anderer durch das Rotlicht, und *bumm!* du bist nicht mehr! Solche Dinge passieren. Diese anderen, selbsternannten Medizinmänner, die durch die Welt reisen und die Leute hinters Licht führen, sie alle werden irgendwann eine Krankheit bekommen, die sie in eine bestimmte Richtung bringen wird, nämlich nach unten. Ein wahrer Medizinmann wird von den *Tunkashilas* beschützt. Und dennoch sind einige Situationen unvermeidlich, und ich werde dir von einer erzählen.

Als ich im Februar 1994 in Massachusetts war, kam ein Mann zu mir, der sich entschieden hatte, ein viertägiges *hanblecha* zu machen. Er traf diese Entscheidung nicht während einer Pfeifenzeremonie, wie es eigentlich sein sollte, sondern für sich alleine. Er ist ein dünner, knochiger Mensch, der viel Yoga macht, und er war entschlossen, vier Tage und vier Nächte auszuhalten. Ich bezweifelte, daß er die dazu nötige körperliche und geistige Kraft hatte, daher sagte ich zu ihm: »Du solltest lieber noch einmal darüber nachdenken.« Und ich erklärte ihm den Unterschied zwischen einer *hanblecha walpi* und einer *worcheka walpi*. Doch dieser Mann war stur wie ein Bulle. Ich sagte: »Wir können dein *Vision Quest* hier machen. Wir suchen dir eine ruhigen, einsamen Ort, und es wird gut sein. Ich will jetzt nicht nach South Dakota zurückfahren. Wir können hier ein *inipi* haben, und du kannst tun, was du zu tun hast.« Aber dieser Mann antwortete: »Auf keinen Fall! Meine Entscheidung steht fest. Ich will mein *Vision Quest* auf dem Eagle Nest Butte machen und nirgendwo anders!«

Ich füllte die *chanunpa,* und mein Herz tat mir so weh! Also sagte ich ihm noch einmal: »Wir können das genauso gut hier tun.« Doch er bestand darauf: »Nein. Ich habe eine Entscheidung getroffen, und ich werde mich daran halten!« Das war im Februar. Den ganzen März und April hatten wir Zeremonien in Massachusetts, bis hinein in den Mai. Mitte Mai bot ich diesem Mann noch einmal an: »Du kannst dein *Vision Quest* hier machen, glaub mir, es wird genauso gut sein. Wir müssen deswegen nicht nach South Dakota zurückfahren.« Doch er erwiderte: »Nein. Ich will zum Eagle Nest Butte.« Wenn jemand ein *Vision Quest* machen will, muß ich ihm helfen. Das ist meine Aufgabe, ich kann ihn nicht abweisen. Und da ich ihn nicht dazu bringen konnte, seine Entscheidung rückgängig zu machen, machten wir uns auf den Weg nach Wanblee.

An dem Tag, an dem er auf den Berg ging, gab es einen Tornado. Er zog zwar knapp an uns vorbei, doch es war ungeheuer stürmisch, und der Mann war nicht bereit, einen Tag zu warten.

Zur gleichen Zeit war meine Tochter Julie in Martin im Krankenhaus und brachte ihr erstes Baby, ein Mädchen, zur Welt. An dem Tag, an dem der Mann auf den Berg ging, rief sie mich an und sagte: »Dad, morgen werde ich mit dem Baby entlassen. Bitte hol mich ab.« Ich sagte: »Okay, ich komme.« Am nächsten Morgen wollte ich gerade losfahren, als mein alter Freund Lucas und seine Frau vorbeikamen. Ich hatte geplant, alleine nach Martin zu fahren. Ich sagte Lucas, daß ich meine Tochter und meine kleine Enkelin abholen wollte, und er meinte: »Ich werde mit dir fahren, ich habe sowieso nichts vor. Irgend jemand wird Mary Lou später schon nach Hause fahren.« Warum nicht, dachte ich. Wir fuhren direkt nach Martin und zum Krankenhaus. Meine Tochter wartete schon mit ihrem Baby auf uns. Ich war glücklich, die beiden zu sehen, und froh, daß es Mutter und Kind gutging.

Dies war der zweite Tag der *hanblecha* des Mannes aus Massachusetts. Er hatte darauf bestanden, auf den Berg zu gehen, und ich konnte ihn nicht davon abhalten.

Auf dem Rückweg hielt ich an einer Tankstelle, zu der auch ein kleiner Lebensmittelladen gehörte, wo es gebratene Hähnchen zu kaufen gab. Ich kaufte Lunch für Lucas und meine Tochter und tankte das Auto voll. Ich kaufte auch mir selbst was zum Essen, obwohl ich keinen Hunger hatte, damit die anderen beiden es essen konnten, falls sie noch hungrig sein sollten. Wir verließen die Stadt. Lucas und meine Tochter aßen ihre Sandwiches, während ich fuhr.

Als wir ungefähr zehn Meilen außerhalb von Martin waren, sagte Lucas zu mir: »Hey, Bruder, laß mich fahren.« Ich hörte seine Worte, als sei er weit weg. Ich hatte an den Mann auf Eagle Nest Butte gedacht, der dort seine *hanblecha* machte, und das nächste war, daß mein Bruder Lucas mich mit seinem Ellbogen anstubste und wiederholte: »Laß mich fahren, dann kannst du auch essen.« Ich sagte: »Okay« und hielt an. Lucas setzte sich hinters Steuer. Ich setzte mich auf den Beifahrersitz, doch ich hatte noch immer keine Lust, was zu essen.

Ein paar Meilen vor unserem Haus fuhr Lucas von der Hauptstraße hinunter auf den Feldweg, der zu unserem Camp führt. Aus irgendeinem Grund nickte ich ständig ein, ich konnte es nicht verhindern. Ich versuchte, wach zu bleiben, doch immer wieder nickte ich weg.

Und dann ist es passiert.

Ich erinnere mich, daß ich unser Camp sehen konnte. Überall waren Zelte und *Teepees* aufgestellt. Es war Juni, der 10. Juni 1994, und das Camp war voller Leute.

Ich mußte wieder eingenickt sein. Und das nächste, was ich hörte, war: »Oh, nein!« Sofort war ich hellwach und sah genau vor mir die Motorhaube eines Lieferwagens. Ich riß meine Arme hoch, und in der gleichen Sekunde stießen wir mit dem Wagen frontal zusammen. Wir hatten eine Geschwindigkeit von ungefähr 80 Stundenkilometern, als der Zusammenprall passierte.

Mit den erhobenen Armen vor meinem Gesicht flog ich halb durch die Windschutzscheibe. Als ich wieder zu mir komme, merke ich, daß ich stark blute. Meine Arme sind zerschnitten, und überall ist Blut. Ich weiß, daß ich aus dem Auto raus muß, also drücke ich mich durch die zersplitterte Windschutzscheibe zurück auf den Sitz. Als nächstes sehe ich den Kopf meiner Tochter neben dem Armaturenbrett, sie war durch den Aufprall vom Rücksitz bis nach vorne gerutscht. Ich schaue zu Lucas hinüber. Er liegt zurückgeworfen in seinem Sitz, und als ich ihn stöhnen höre, kommt mir der Gedanke: »Um Gottes willen, was ist los mit ihm?« Plötzlich klickt es in meinem Kopf, und ich begreife, daß wir soeben frontal mit einem anderen Wagen zusammengestoßen sind. Und es war ein schlimmer Unfall. Ich suche nach dem Türgriff, drücke die Tür auf und rolle hinaus. Langsam wird alles um mich herum rot, und ich muß daran denken, wie mein Bruder Philip vor seinem Tod gesagt hatte: »Alles wird gelb!« Das waren seine letzten Worte gewesen, dann starb er. Und ich dachte: »Mein Bruder hat alles gelb gesehen, ich sehe alles rot. Wenn das so ist – hey, mein Bruder, komm, zeig dich mir, zeig mir den Weg, und ich werde dir folgen!« Im selben Moment nahm alles um mich herum wieder seine normale Farbe an.

Dann sah ich, wie uns ein Auto entgegenkam. Es fuhr sehr schnell. Ich erkannte meine Tochter Maggie am Steuer. Sie parkte ein paar Meter entfernt, rannte auf mich zu und schrie: »Dad, Dad!« Ich sagte: »Mir fehlt nichts, geh und hol Hilfe!« Doch Hilfe war schon unterwegs, weil die Leute unten im Camp gesehen hatten, was passiert war, und den Rettungsdienst in Martin angerufen hatten.

Und während all dieser Minuten dachte ich nicht ein einziges Mal an meine neugeborene Enkelin. Ich dachte, wir wären nur zu dritt gewesen. Bei diesem Unfall kamen Lucas, meine Enkelin und die Fahrerin des anderen Wagens ums Leben, sie alle starben dort.

Als der Krankenwagen ankam, zeigten sie auf mich und sagten: »Er hat so viel Blut verloren, daß er sterben wird.« Mir wurde immer kälter. Die Ambulanz brachte meine Tochter und mich zurück ins Krankenhaus nach Martin. Von dort flog uns ein Rettungshubschrauber ins Krankenhaus nach Rapid City, wo ich von Kopf bis Fuß untersucht wurde. Man machte einen Cat Scan von mir und alle möglichen Tests, bis der Arzt schließlich sagte: »Von heute an können Sie sich als arbeitsunfähig betrachten, denn Ihr linkes Handgelenk ist vollkommen zersplittert. Ihre Hand wird nur noch von Muskeln und Sehnen zusammengehalten. Die Knochen sind alle zerschmettert.« Seitdem ist mein Arm am Handgelenk leicht verdreht, aber ich kann ihn nach wie vor benutzen. Auch meine Tochter hatte keine lebensgefährlichen Verletzungen, nur ein paar Schnitte und Prellungen. Doch sie hatte ihr Baby verloren.

Am nächsten Tag kam der Mann, der sich zu vier Tagen und vier Nächten auf dem Berg verpflichtet hatte, vorzeitig runter. Es war erst sein dritter Tag. Er wußte nichts von dem Unfall, das war nicht der Grund, warum er runterkam.

Er hatte nicht seine Verpflichtung gegenüber den *Tunkashilas* erfüllt. Und ich wußte von Anfang an, daß er nicht die Kraft dazu hatte. Das war der Grund gewesen, warum ich nicht zurückkommen wollte. Ich halte diesen Mann verantwortlich für das, was passiert ist. Man kann den *Tunkashilas* nicht etwas versprechen und es dann nicht halten; irgend jemand muß dafür zahlen. Und oft ist es der Medizinmann, an den sich die *Tunkashilas* halten und dem sie etwas wegnehmen. Genau das war geschehen.

Jedenfalls ist das Kirpalu-Center in Massachusetts, wo dieser Mann wohnte und Yoga lehrte, bald eingegangen. Heute existiert es nicht mehr. Nur die Schwitzhütte, die wir auf dem Grundstück gebaut haben, wird heute noch benutzt.

Wir müssen den Anweisungen der *Tunkashilas* folgen. Denn wenn wir es nicht tun, passieren schreckliche Dinge; die Möglichkeit dazu gibt es immer, doch dann manifestieren sie sich. Wenn die *Tunkashilas* dir deinen Weg zeigen und du versprichst, das zu tun, was sie von dir für ihre Hilfe verlangen, dann mußt du es auch tun. Und wenn du es nicht tust und schlimme Dinge passieren, dann mach nicht andere dafür verantwortlich. Du bist den Anweisungen nicht gefolgt, und du allein bist in letzter Instanz verantwortlich für die Konsequenzen.

Du kannst das damit vergleichen, wenn du auf der Straße nicht die Geschwindigkeitsbegrenzung einhältst. Wenn das Limit 65 Meilen pro Stunde beträgt und du 66 Meilen fährst, dann kann dich die Polizei zu Recht anhalten und dir sagen: »Sie sind zu schnell gefahren.« Und es stimmt. Du magst denken: »Was ist schon eine Meile mehr?« Doch das Limit ist 65 Meilen, also hat der Polizist das Recht, dir einen Strafzettel zu geben, dein Auto zu durchsuchen oder was ihm sonst noch im Rahmen des Gesetzes einfällt. Er kann das tun, selbst wenn du nur eine einzige Meile über der festgelegten Geschwindigkeit gefahren bist. Wir müssen bereit sein, Verantwortung für unsere Handlungen zu übernehmen.

Wenn wir feststellen, daß wir eine Situation vermasselt haben, dann können wir es das nächste Mal besser machen. Für den Straßenverkehr zum Beispiel gibt es Regeln. Wenn wir diesen Regeln folgen, dann werden wir keine Schwierigkeiten bekommen. Es ist das gleiche, als wenn du zum Beispiel ein zerlegbares Fahrrad kaufst, bei dem die Instruktionen mitgeliefert werden. Du solltest diese Instruktionen lieber nicht wegwerfen und versuchen, das Fahrrad nach deinem eigenen Gutdünken zusammenzubauen. Das ist absolut nicht empfehlenswert. Wenn du nämlich eine Schraube ausläßt, die dir überflüssig erscheint, dann kann dir das später beim Fahren Probleme bereiten. Dabei hättest du nur den Anweisungen folgen und es gleich beim ersten Mal richtig machen müssen.

Alle diese Lektionen kommen unweigerlich.

Viele Menschen leben in Dunkelheit, sie sind von ihr umgeben. Und wenn sie diese Welt verlassen, dann werden sie in ewiger Dunkelheit leben, vergleichbar mit der, in der wir uns des Nachts im Schlaf befinden – nur daß sie für eine lange, lange Zeit nicht aufwachen werden.

Vielleicht, wenn diese Menschen oft wiedergeboren worden sind und ständig in dieser Dunkelheit gelebt haben, werden die *Tunkashilas* eines Tages sagen: »Schau sie an. Versucht sie, das Licht zu sehen, oder ist sie noch immer im Dunkeln? Oh, sie versucht, ihre Augen zu öffnen! Doch wenn sie das Licht sehen will, dann muß sie zu uns kommen. Wir werden das Licht nicht zu ihr hin bringen.« Genauso funktioniert das.

Mit anderen Worten: Ein Mensch, der jeden Tag betet und ein offenes, gebendes Herz hat, wird ewigwährendes Leben haben. Und ich meine nicht Leben im Himmel oder in der Hölle. Dieser Mensch wird unmittelbar nach seinem letzten Atemzug an einem anderen Ort auf der Welt als schreiendes Baby wiedergeboren werden. Dies sind die Menschen, die das ewige Leben haben, weil sie im Einklang mit der Natur leben und das Richtige tun. Wann immer also dieser neue kleine Junge oder dieses neue kleine Mädchen ein gewisses Alter erreicht hat und durch das Land reist, wird er oder sie sagen: »Oh, hier bin ich schon einmal gewesen, ich kenne diesen Ort.« Natürlich kennen sie ihn. Und wenn sie diese Gefühle bekommen, werden sie sich an einen wirklichen *hochoka* wenden und ihm sagen, daß sie schon einmal hier gewesen sind. Dann werden sie eine Zeremonie durchführen, und die *Tunkashilas* werden ihnen sagen: »Dies ist der Grund, warum ihr hier seid, dies ist eure Aufgabe.« Also können sie hingehen und ihre Aufgabe erfüllen.

Nachdem ich von meiner *hanblecha* zurückgekommen war – ich war dreizehn Jahre alt – wurde ich zusammen mit meinem Bruder Charles zu Hause von meinen Eltern unterrichtet. Ich ging nicht mehr zur Schule. Das Büro für Indianische Angelegenheiten (BIA) hatte mich offiziell vom Schulbesuch freigestellt. Der Direktor der Schule, ein Vertreter der Polizei und der Chef des örtlichen BIA, sie alle kamen, um an einer Zeremone teilzunehmen. Als sie beendet war, gaben sie mir die Bestätigung und sagten: »Er ist ein echter *hochoka*. Er muß nicht mehr in die Schule gehen.« Etwas später schickten sie mir einen Brief, in dem sie schrieben, daß ich mich während der Schulzeit von August bis Mai nicht in Wanblee aufhalten dürfe. Also blieb ich bei meinen Eltern auf dem Land. Ich konnte nie irgendwohin gehen. Das ging recht lange so, und als ich sechzehn war, wollte ich in die Armee. Meine Eltern unterschrieben für mich, und während der nächsten drei Jahre war ich im Militärdienst.

Doch bald schon wollten die Leute daheim, daß ich zurückkomme und Zeremonien durchführe. Ich war in Fort Carson in Colorado stationiert. Also schrieben die Leute an die Armee und baten, daß sie mich entlassen sollten, weil ich zu Hause gebraucht würde. Die Offiziere schauten sich die vielen Bittbriefe an und riefen mich dann in ihr Büro, um mir zu sagen, daß meine Leute in South Dakota mich mehr brauchen als die Armee und daß sie mir eine ehrenvolle Entlassung geben würden. Am 4. Februar 1974 wurde ich also entlassen und fuhr sofort ins Reservat zurück, wo ich wieder mit den Zeremonien begann. Von da an hatte ich viele »Lehrer«, und obwohl ich auch heute noch nicht gut bin im Teilen und Subtrahieren, so kann ich doch gut addieren. Soviel habe ich wenigstens gelernt ...

Seit ich dreizehn Jahre alt war, habe ich Zeremonien durchgeführt, und ich tue dies auch heute noch, dreißig Jahre später. Doch die Dinge haben sich geändert. Heute bin ich nur bereit, eine *hochoka* mit Leuten zu machen, die wirklich ernsthaft gewillt sind, ihr Leben zu ändern und den Instruktionen der *Tunkashilas* Folge zu leisten. Dann bin ich gerne bereit, Zeremonien für sie durchzuführen. Und welchem spirituellen Pfad sie auch immer folgen wollen, ich werde mit ihnen gehen, so lange sie mich brauchen.

Doch früher oder später wird jeder von uns in diesen Dingen allein sein; wir müssen Verantwortung übernehmen und Disziplin lernen. Dann werden uns die *Tunkashilas* unter ihre Flügel nehmen. Und sollte jemals eine Gefahr auf uns zukommen, dann werden sie uns rechtzeitig warnen, so daß wir sie vermeiden können.

Dies tun sie durch Zeichen, die vor allen Dingen des Nachts in unseren Träumen auftauchen, wenn wir keine bewußte Kontrolle über unser Denken haben. Dann können uns die *Tunkashilas* ihre Botschaften zukommen lassen. So funktioniert das.

Wenn die Leute nach einer *hochoka* nicht gemäß ihren Versprechungen gegenüber den *Tunkashilas* leben, dann verringert das meine Kraft und meine Lebensspanne. In jeder Zeremonie stirbt ein Stück von mir. Je mehr *hochokas* ich mache, desto mehr gebe ich von mir. Das ist vergleichbar mit einem Auto, in dem du von einem Ende des Landes zum anderen fährst. Vor Antritt der Reise tankst du den Wagen voll, doch während du fährst, wird das Benzin immer weniger, bis der Tank leer ist und das Auto nicht weiterfahren kann. Ich bin in der gleichen Situation. Was ich verliere und was die *Tunkashilas* von mir nehmen, das bekomme ich nicht zurück. Wenn die Menschen, die wegen einer Zeremonie zu mir kommen, sich an die Versprechungen halten, die sie den *Tunkashilas* für deren Hilfe geben, dann verringert sich meine Lebenskraft nicht. Aber zu oft vergessen sie ihre Zusagen, sobald sie sich besser fühlen. Und die *Tunkashilas* sind unbarmherzig. Wenn die Leute ihre Versprechen nicht einhalten, dann muß ich für sie mit meiner Lebenskraft bezahlen.

An dieser Stelle möchte ich über meinen älteren Bruder Charles sprechen. Bevor er geboren wurde, hatten ihm die *Tunkashilas* bereits alle fünf *hochokas* meines Großvaters gegeben. Er wird sie ausführen, sobald er sich von den Leuten getrennt hat, mit denen er zusammen ist. Er muß diese Verbindungen aufgeben und dann vier Tage und Nächte lang für sein *Vision Quest* auf den Berg gehen. Wenn er das tut, wird auch er die

Tunkashilas verstehen und mit ihnen kommunizieren können. Denn er war ursprünglich derjenige, der dazu bestimmt war, und hätte er den Weg eingeschlagen, wäre er heute an meiner Stelle, und ich wäre sein Helfer. Es ist immer noch möglich, daß er sich entscheidet, diese Aufgabe zu übernehmen. Vor einiger Zeit hatte er einen Traum, und er erzählte mir, was er in diesem Traum erfahren hatte: »Wann immer ich mit den Zeremonien beginnen werde, wird es nur für eine kurze Zeit sein, und dann werde ich sterben.« Das wurde ihm im Traum mitgeteilt. Es machte ihm Angst. Heute ist er 50 Jahre alt, und die Zeit geht dahin. Falls er die Medizin erst dann annehmen will, wenn er zum Beispiel 70 ist, dann wird er die *Tunkashilas* zwar auch verstehen und mit ihnen sprechen können, aber nur zehn Jahre lang. Und daran gibt es nichts zu rütteln, wir erreichen nie unser 82. Lebensjahr. Ich hoffe noch immer, daß er die Medizin annehmen wird und wir zusammen mit ihr arbeiten und uns gegenseitig helfen können. Dann werden wir beide mit denselben Geistern kommunizieren, und die Last wäre aufgeteilt. Und dann wäre alles so viel leichter

Ich möchte auch noch über die *chanunpa* sprechen. Wenn wir eine Pfeife besitzen, sollten wir sie jeden Tag benutzen. So wie wir essen und trinken müssen, so müssen wir mit ihr beten. Wir sollten einen Zeitpunkt und einen Ort bestimmen, an dem wir alles rein halten und wo wir uns mit der *chanunpa* niedersetzen, sie füllen und mit ihr beten. Nur wenn wir das tun, sind wir in ständigem Kontakt mit den *Tunkashilas*. Und tun können wir es sowohl in der Bronx in New York, auf dem Reservat, in Deutschland, Indien, Rußland, wo immer wir sein mögen. Der Ort ist unwichtig. Solange du einen Platz hast, wo dich niemand stört, auch nicht das Telefon, kannst du es tun. Zuerst sagst du deine Gebete, und dann rauchst du die Pfeife. Doch du mußt es richtig machen, mit Liebe, Ehrfurcht und Hingabe.

Die beste Art, eine Pfeife zu bekommen, besteht darin, sie selbst zu machen. Du brauchst dazu ein Stück Pipestone und ein bißchen Holz, das ein Jahr trocknen muß. Das heißt, nachdem du das Holz für deine *chanunpa* geschnitten hast, mußt du es ein Jahr lang liegen lassen. Wenn es getrocknet ist und du die Borke abgeschält hast, schaust du dir beide Seiten an und prüfst, ob keine Risse im Holz sind. Das ist der Grund, warum die Leute, die Pfeifen herstellen, ungefähr fünfzig Stücke Holz pro Pfeife schneiden und sie ein Jahr lang zum Trocknen auslegen. Wenn sie dann die Borke ablösen und sehen, daß das Holz einen Riß hat, verbrennen sie es. Und die guten Stücke, die keine Risse haben, benutzen sie zur Herstellung der Pfeife.

Wenn jemand eine *chanunpa* kaufen will, so ist das auch okay. Vielleicht kommst du in ein Geschäft, wo sie Pfeifen verkaufen, wie zum Beispiel beim Pipestone Monument in Minnesota, wo es wunderschöne Pfeifen gibt. Und plötzlich fällt dein Blick auf ein besonders schönes Exemplar, das perfekt für dich ist. Nachdem du sie gekauft hast, ist es wichtig, daß du die Pfeife in einer *hochoka* einweihst, erst dadurch wird sie aktiv. So lange sie nicht in einer Schwitzhütten-Zeremonie gereinigt und geweiht worden ist, besitzt sie keine Kräfte. Nach der Zeremonie sollte die *chanunpa* immer mit großer Ehrfurcht behandelt werden.

Was die *chanunpa*-Gebete betrifft, so ist es nicht notwendig, daß man die heiligen *chanunpa*-Lieder kennt. Jeder kann seine eigenen Gebete machen. Von meinem Urgroßvater erhielten wir vor vielen, vielen Jahren ein Gebet, und dieses Gebet gehört zu dem Land, auf dem wir leben. Wenn wir also eine Pfeifenzeremonie durchführen, sprechen wir zuerst dieses Gebet, bevor wir unsere materiellen Probleme erwähnen und was uns sonst noch am Herzen liegt. Diese Dinge sind zweitrangig.

Dasselbe gilt für die *inipi*-Zeremonien. Sie können überall und jederzeit durchgeführt werden. Doch derjenige, der sie leitet, muß zuerst mindestens eine Nacht lang auf den Berg gehen und beten. Wenn er das getan hat, ist er von den *Tunkashilas* autorisiert, *inipis* abzuhalten und andere Personen zu *Vision Quests* auf den Berg zu bringen.

Was mich betrifft, so kann ich die *hochokas* überall durchführen, solange all die dafür notwendigen Voraussetzungen eingehalten und die Zeremonien entsprechend den Instruktionen der *Tunkashilas* vorbereitet werden. Dann können wir sie an jedem Ort der Welt machen. Als ich 31 Jahre alt war, habe ich die erste *hochoka* außerhalb des Reservats durchgeführt. Die *Tunkashilas* haben erkennbare Zeichen und Instruktionen, und genau wie gewisse Sicherheitsabteilungen der Regierung haben sie einen Code. Wenn die Angestellten das Gebäude betreten wollen, geben sie einen geheimen Code ein, und der besteht aus Nummern, die man ihnen zugeteilt hat. Wenn sie die richtigen Nummern eingegeben haben, öffnet sich die Tür und sie können eintreten.

Genau so ist es mit den *Tunkashilas*. Sie haben mir Instruktionen gegeben und mir gesagt, auf welche Weise ich sie kontaktieren kann, und wenn ich sie rufe, dann kommen sie. Wo immer ich auch bin.

Ein Wort noch zu Medizinleuten in Nordamerika: Ich habe die *Tunkashilas* danach gefragt, habe ihnen eine Botschaft hinterlassen und gesagt: »Wenn es einen anderen Mann geben sollte, mit dem die *Tunkashilas* kommunizieren, bitte zeigt ihn mir. Ich werde sofort zu ihm gehen. Er muß nicht zu mir kommen, ich werde ihn aufsuchen, wo immer er ist, und wenn ich zu Fuß dahin gehen muß. Dann werden wir gemeinsam eine *hochoka* abhalten und uns auf diese Weise gegenseitig unterstützen können.«

Doch bis zum heutigen Tag habe ich noch niemanden gefunden, noch nicht, noch nicht.

Mein jüngster Sohn Opijata, der heute drei Jahre alt ist, wird mein Nachfolger sein. Das haben mir die *Tunkashilas* gesagt. Er trägt die Namen aller seiner Großväter; ihr Geist und ihre Hilfe werden immer bei ihm sein.«

DRITTER TEIL

Erstes Kapitel

Philips Geschichte

Philip ist Lakota, doch hat er die meiste Zeit seines Lebens außerhalb des Reservats verbracht. Mit seiner Frau Diana und seinen beiden Töchtern lebt er in einer kleinen Stadt an der Grenze zwischen Idaho und Oregon. Er ist ein gutaussehender Mann Anfang 40, dem man zwar das jahrelange Training in asiatischen Kampfsportarten ansieht, aber nicht sein Alter. Er ist involviert in der Wiederbelebung indianischer Traditionen wie Pfeifen- und Schwitzhüttenzeremonie und ein begnadeter Organisator für die jährlichen Powwows in der Umgebung. Er arbeitet als Sicherheitsspezialist für eine Firma in Ontario, Idaho.

Im Herbst 1985 – ich war 29 Jahre alt – wurden die Schmerzen, die ich seit einigen Monaten im ganzen Körper hatte, langsam unerträglich. Seit meiner Jugend betrieb ich regelmäßig verschiedene asiatische Kampfsportarten, was es mir wohl irgendwie ermöglichte, die wachsenden Schmerzen fast völlig zu ignorieren, bis sie so intensiv wurden, daß meine Frau darauf drang, ich solle zum Arzt gehen und mich untersuchen lassen.

Ich bekam einen Termin für den 9. September 1985 bei Dr. Daniels, unserem Hausarzt. Während er mich genauestens untersuchte, stellte er nicht nur fest, daß

Philip Montrose
© John R. Lawrence MA, Seattle, WA, USA

ich die Hodgkinsche Krankheit[3] hatte, sondern daß sie sich bereits in fortgeschrittenem Stadium befand. Ich weiß nicht, wie ich die nächsten Minuten überstanden habe, so entsetzt war ich über diese unerwartete, brutale Diagnose. Dr. Daniels riet mir dringend, sofort einen Termin mit dem angesehenen Mountain Tumor Institut in Boisé, Idaho zu machen, nicht weit von

---

[3] Eine unheilbare Form von Lymphdrüsenkrebs.

unserem Wohnort entfernt, um dort weiterführende Untersuchungen und Tests vornehmen zu lassen.

Meine Frau und ich waren geschockt, doch ein paar Tage später fuhr ich nach Boisé, wo die Ärzt ein Cat Scan[4] von meinem Körper machten und alle möglichen anderen Tests durchführten. Diese Untersuchungen zeigten, daß sich überall in meinem Körper bösartige Tumore gebildet hatten. Die Ärzte sagten mir offen, wie es um mich stand, wofür ich ihnen dankbar war. Sie versicherten mir, alles in ihrer Kraft Liegende zu tun, um mir zu helfen, doch daß die Chancen einer Heilung mit Hilfe von Chemo- und Strahlungstherapie gering sind, da der Krebs sich bereits in einem so fortge- schrittenen Stadium befände.

Am dritten Tag nach der schockierenden Diagnose – dem 11. September 1985 – hatte ich meine erste Che- mo- und Strahlungsbehandlung, die ich von da an vier Monate lang, bis zum 6. Januar 1986, fünfmal wöchent- lich über mich ergehen ließ. Dazwischen lagen zwei Wo- chen, in denen ich keine Behandlung bekam, da mein Körper vor allem durch die Chemotherapie so geschwächt war, daß die Ärzte eine Pause einlegen mußten, damit ich nicht anstatt am Krebs noch schneller an der Che- motherapie sterben würde. Die Zahl meiner weißen Blutkörperchen war extrem hoch und die der roten viel zu niedrig. Daraufhin »sperrten« mich die Ärzte in ei- nen Raum, den sie die »Blase« nannten und in dem ich vollständig von der Außenwelt abgeschnitten lag. Mein Immunsystem war so geschwächt, daß selbst eine ein- fache Erkältung, die ein Besucher unter Umständen

---

[4] Scheibchenweise Durchleuchtung des Körpers, um eventuelle Tumore etc. fest- zustellen.

nichtsahnend mitbringen würde, für mich lebensbedrohlich gewesen wäre. Nach zwei Wochen in der »Blase« hatte ich mich so weit erholt, daß die Behandlungen fortgesetzt werden konnten.

Im Laufe dieser vier Monate mit beinahe täglicher Chemo- und Strahlenbehandlung hatte ich oft das Gefühl, daß diese Therapie schlimmer war als die Krankheit selbst. Obwohl sie von den Ärzten als die größte Waffe im Kampf gegen den Krebs bezeichnet wird, ist sie eine Tortur, denn sie schwächt den Patienten völlig und verursacht ihm stundenlange Übelkeit und das Gefühl absoluten Krankseins. Außerdem verstärkte sie die Schmerzen, die ich sowieso schon hatte. Oft wollte ich sie nicht noch einen einzigen Tag länger ertragen müssen. Man sagt, daß die Chemotherapie der schlimmste Teil der Behandlung ist, weil dabei so viele Chemikalien in deinen Körper gepumpt werden. Sie hat aber noch eine andere Folge, die mir sehr zu schaffen machte: Vor meinen ersten Behandlungen reichten mir meine Haare bis zur Taille, doch nach vier Monaten war mein Kopf kahl, und ich hatte auch sonst kein einziges Haar mehr am Körper. Psychologisch gesehen war das schlimm für mich.

Dennoch empfand ich die Strahlentherapie als wesentlich unangenehmer, und zwar wegen der Schmerzen, die damit verbunden sind.

Du wirst in einen Raum gebracht, dessen Wände extrem dick sind und in dem sich außer dir während der Behandlung niemand aufhält. Dort legst du dich auf eine Liege, und die ganze Behandlung wird mit Hilfe von Kameras und Lautsprecher per Fernsteuerung durchgeführt. Laser finden die genaue Stelle, wo der radioaktive Strahl in deinen Körper eindringen soll.

Ich bekam eine Dosis von jeweils 175 rads[5] auf die Vorder- und Rückseite meines Körpers. Und wenn diese Strahlen dich treffen, dann spürst du es! Du hast das Gefühl zu sterben, der Schmerz ist so überwältigend. Abgesehen davon, daß die Strahlen Verbrennungen hinterlassen, kriegst du große, häßliche Narben an den entsprechenden Stellen. Da der radioaktive Laser den Tumor direkt angreift, muß er extrem konzentriert sein, was zur Folge hat, daß die Schmerzen so stark sind. Es war eine schwere Zeit.

Nach vier Monaten kamen die Ärzte in Boisé zu der traurigen Überzeugung, nichts mehr für mich tun zu können. Ich hatte das Maximum an Chemo- und radioaktiver Therapie erhalten, und wäre sie fortgesetzt worden, hätte mich vielleicht nicht der Krebs, sicher aber die Behandlung umgebracht. Die Ärzte und Schwestern im Mountain Tumor Institute waren wirklich gute Menschen, ehrlich, direkt und bemüht, es ihren Patienten so erträglich wie möglich zu machen. Doch sie mußten feststellen, daß sie alles getan hatten, was in ihrer Macht stand, und daß sie mir nicht hatten helfen können. Sie rieten mir, nach Hause zu gehen und meine persönlichen Angelegenheiten in Ordnung zu bringen, denn entsprechend ihrer Erfahrung mit ähnlichen Fällen hatte ich höchstens noch zwei Monate zu leben. Durch die monatelangen Behandlungen waren die Tumore zwar etwas geschrumpft. Doch nach Meinung der Ärzte bestand auf keinen Fall die Möglichkeit, daß sie sich total auflösen würden, da der Krebs zu Beginn meiner Therapie bereits in einem so fortgeschrittenen Stadium gewesen war. Ich hatte zu lange gewartet. Krebsgeschwüre

---

[5] Einheiten, in denen radioaktive Strahlung gemessen wird.

hatten sich unter anderem in unmittelbarer Nähe meines Herzens gebildet, in meinem Gehirn und hatten mein gesamtes Lymphdrüsensystem befallen.

Meine Frau holte mich ab, und wir fuhren nach Hause. Ich hatte so viel Gewicht verloren, daß ich aussah, als sei ich gerade aus dem Grab gekrochen. Bei einer Größe von 1,85 m wog ich gerade mal 110 Pfund. Es war traurig. Dennoch wollte ich mich nicht davon abhalten lassen, soviel und so intensiv wie möglich zu leben! Ich war 30 Jahre alt und entschlossen, meine erst sieben Monate alte Tochter aufwachsen zu sehen.

Zu Hause führte ich mein Leben so gut es ging weiter. Meine Frau Diana war eine große Stütze und Quell der Zuversicht für mich, wann immer ich glaubte, nicht mehr weitermachen zu können. Sie war stets an meiner Seite und hatte von Anfang an jeden Moment des Schreckens, alle Probleme und schweren Entscheidungen im Zusammenhang mit meiner Krankheit mit mir geteilt. Sie versorgte mich während des gesamten Behandlungsprozesses, ein Umstand, der mir zuweilen beinahe unerträglich war, denn ich war ein Mann mit Stolz und immer in der Lage gewesen, meine Familie zu versorgen. Zu akzeptieren, daß ich jetzt jemanden brauchte, auch wenn es meine Frau war, der mich fütterte und mir bei sämtlichen täglichen Verrichtungen half, war extrem schwierig für mich. Wann immer ich während der monatelangen Behandlungen für ein Wochenende von Boisé nach Hause kam, schlief ich fast nur, weil ich mich so schwach und elend fühlte. Auch für Diana war dies eine harte Zeit. Familienleben, so wie wir es kannten und liebten, war nicht mehr möglich, und sie allein war für alle täglichen Bedürfnisse zuständig, vom Geldverdienen über die Versorgung unserer beiden Töchter bis zu den Arbeiten, die ein vierköpfiger Haushalt mit sich bringt.

Im Laufe der nächsten Wochen verschlimmerte sich mein Zustand erheblich. Ich konnte kaum alleine aufrecht stehen und war nicht mehr in der Lage, meine kleine Tochter auf den Arm zu nehmen. Ich wußte, daß irgend etwas geschehen mußte, und zwar bald. Spätestens in solchen Momenten beginnt man, sich an Gott oder eine Höhere Macht zu wenden. Was mich betrifft, ich folgte damals keiner bestimmten Religion, sondern betete einfach zu irgendeinem Wesen außerhalb von mir: »Bitte gib mir noch eine Chance!«

Während dieser schweren Wochen ging Diana eines Tages auf einen in der Nähe liegenden kleinen Berg, um für mich zu beten. Sie wußte, daß dieser Hügel einer meiner Lieblingsplätze war, bevor meine Krankheit es mir unmöglich gemacht hatte, das Haus zu verlassen. Ich pflegte dort oben Adler zu züchten. Und dorthin war sie gegangen und betete einen ganzen Tag lang um Hilfe.

Am nächsten Tag passierte etwas Erstaunliches. Es war ein warmer, strahlender Sonntag, und im Stadtpark gab es ein Fest, bei dem Künstler und Handwerker aus der Gegend ihre Werke zur Schau stellten und verkauften. Und wie es sich so ergab, kam Gilbert Walking Bear aus South Dakota, Autor, Maler und Cousin von Godfrey Chips, an diesem Tag auf der Durchreise in unsere Stadt. In unmittelbarer Nähe des Parks hatte er plötzlich eine Reifenpanne – doch nicht genug Geld, um einen neuen Reifen zu kaufen. Er hatte jedoch einige seiner Bücher im Auto und ein paar kunstgewerbliche Gegenstände, also beschloß er, einen Stand aufzubauen und sie zu verkaufen, um so das Geld für einen neuen Reifen zusammenzukriegen. An diesem Nachmittag ging Diana in den Park, um zu sehen, wer alles da war. Ich wäre liebend gerne mitgegangen, doch war ich zu schwach, um überhaupt aufzustehen. Sie schaute sich alles an und kam schließlich zu Gilberts Stand. Er hatte auf die Schnelle auch noch eine Kochgelegenheit herbeigeschafft und machte *Indian frybread*, in Öl gebackene Hefefladen. Diana bestellte eins, und während er es zubereitete, begann sie eine Unterhaltung mit ihm. Sie erzählte ihm, daß ihr Mann auch Indianer sei, der allerdings ziemlich urbanisiert und ohne Kontakt zu traditionell lebenden Indianern war, mit anderen Worten nicht der *red road* folgte.

Gilbert und Diana sprachen eine Weile miteinander, und eins führte zum anderen. Sie erfuhr, daß seine Frau an Krebs gestorben war. Gilbert hatte immer wieder versucht, sie dazu zu bringen, eine Heilungszeremonie von einem Medizinmann durchführen zu lassen, doch sie wollte nicht.

Als Diana ihm sagte, daß ihr Mann auch Krebs hatte, verstand er nur zu gut, was sie durchmachte. Er schaute sie lange und voller Mitgefühl an, so als wollte er sehen, ob sie offen für die Idee war, die ihm durch den Kopf ging. Schließlich erzählte er ihr von Godfrey Chips, der im Pineridge-Reservat in South Dakota lebte und dort Heilungszeremonien durchführte. Er riet uns, umgehend aufzubrechen und Godfrey um Hilfe zu bitten.

Als Diana nach Hause kam, war sie ganz aufgeregt. Ihre Worte überstürzten sich fast, als sie mir von einem Indianer berichtete, den sie im Park getroffen hatte und den Informationen und Ratschlägen, die er ihr gegeben hatte.

Ich wollte unbedingt selbst mit ihm reden. Meine Frau mußte mich regelrecht aus dem Haus und ins Auto schleppen, damit wir zum Park fahren und sofort mit Gilbert sprechen konnten. Er und ich wurden auf Anhieb Freunde. Er riet mir dringend, so schnell wie möglich Godfrey Chips aufzusuchen.

Und obwohl es mir sehr schlecht ging und ich kaum in der Lage war, einen Fuß vor den anderen zu setzen, machte ich mich eine Woche später – es war Anfang März – mit dem Auto auf den 1400 Meilen langen Weg nach South Dakota. Diana mußte bei den Kindern bleiben, also fuhr ich alleine. Ich sagte ihr genau, welchen Weg ich nehmen würde, und falls sie in angemessener Zeit nichts von mir hören sollte, weil ich es nicht bis South Dakota geschafft hatte, wußte sie zumindest, wo in etwa sie mich finden und das Auto abholen konnte.

Schwach wie ich war, fuhr ich bis South Dakota durch und hielt nur, wenn ich tanken mußte. Es fiel mir leichter zu fahren, als auszusteigen und zu tanken.

Endlich erreichte ich Wanblee, und nachdem ich mich nach dem Weg erkundigt hatte, fuhr ich die letzten paar Meilen auf Feldwegen zum Camp der Chips-Familie. Der erste, den ich dort traf, war Ellis Chips, Godfreys Vater. Er sprach kaum Englisch, doch er hieß mich willkommen und sagte mir, daß er gehört hatte, daß ich kommen würde, die *Tunkashilas* hätten es ihm gesagt. Damals verstand ich nicht, wovon er sprach, denn ich hatte niemanden angerufen oder sonstwie mein Kommen angekündigt. Ich dachte, die *Tunkashilas* wären Leute, mit denen Gilbert gesprochen hatte und die den alten Mann irgendwie hatten wissen lassen, daß ich auf dem Weg hierher war.

Dann traf ich Godfrey. Er und ich zogen uns in ein Holzhaus zurück, das ausschließlich für Zeremonien benutzt wurde, und sprachen lange miteinander. Wir verstanden uns auf Anhieb, so als würden wir uns schon ewig kennen. Irgendwann sagte Godfrey zu mir: »Ich habe etwas für dich. Es ist schon lange in meinem Besitz, doch weiß ich, daß es dir gehört.« Seine Mutter – die von allen Grandma genannt wurde und die in den folgenden Jahren eine zweite Mutter für mich werden sollte – hatte sich zwischenzeitlich zu uns gesellt. Sie ging nun zurück in Godfreys Trailer und kam bald mit einem Beutel zurück, den sie mir überreichte. Wie gesagt, mir war schleierhaft, was vor sich ging, die *Tunkashilas* und dieses Geschenk von Menschen, die ich nie zuvor in meinem Leben gesehen hatte. Doch um so besser wußte ich, daß dies meine letzte Chance war; daß ich nirgendwo anders hingehen konnte und daß es niemand anderen gab, an den ich mich um Hilfe wenden konnte; und daß ich vielleicht hier die Hilfe finden würde, die ich so dringend brauchte. Was in dem Beutel war? Eine indianische Pfeife. Ich hatte noch nie eine besessen, doch hier war sie und hatte seit Jahren auf mich gewartet. Ich wußte damals nicht, was ich mit ihr anfangen sollte. Doch ich spürte, daß es sich dabei um etwas Besonderes handelte, also bedankte ich mich bei Godfrey und seiner Mutter für dieses kostbare, unerwartete Geschenk.

So verlief unsere erste Begegnung.

Godfrey hatte gesagt, daß wir umgehend ein *inipi* und gleich danach ein *yuwipi* abhalten sollten. Mir war dies alles neu, doch ich war mit allem einverstanden, was er vorschlug. Ich vertraute ihm. Er erklärte mir ein paar Einzelheiten der Zeremonien, sagte mir, was ich selbst dazu beitragen mußte, und obwohl ich nach den drei Tagen Fahrt sehr geschwächt war, gingen wir gleich in der ersten Nacht in die Schwitzhütte. Godfrey hatte mich gewarnt, daß ich während des *inipi* aufgrund der vielen Chemikalien und radioaktiven Substanzen, die mein Körper gespeichert hatte, möglicherweise so etwas wie einen epileptischen Anfall bekommen könnte, doch daß ich mir deswegen keine Sorgen zu machen brauchte.

Und genau so geschah es. In dem Moment, als ich aus der Hütte herauskam, brach ich mit konvulsivischen Zuckungen zusammen und wurde vorübergehend blind. Godfrey kam zu mir herüber und setzte sich neben mich, und während er in seiner eigenen Sprache betete, legte er etwas in meine Hand. Bis auf den heutigen Tag weiß ich nicht, um was es sich dabei handelte, nur daß es gleichzeitig weich und hart war und rund wie ein Ball. Vielleicht war es zusammengerollter Salbei oder eine andere Pflanze, ich habe ihn nie danach gefragt. Godfrey sagte: »Halte dies in der Hand, laß es nicht los. Wir werden dir sofort helfen. Du hast höchstens noch zwei Tage zu leben.« Dann brachte er mich in den Zeremonienraum, wo wir beteten und er mir eine Pflanzenmedizin gab, die ich sofort einnahm.

Zur gleichen Zeit wie ich waren einige andere Leute gekommen, vor allem von der Ostküste, die Zeremonien haben wollten, und bei manchen von ihnen hatte ich das Gefühl, daß sie noch kränker waren als ich. Ich erinnere mich, wie Grandma sagte: »Du bist der letzte, der gekommen ist, doch die erste Zeremonie wird für dich sein.« Dem war jedoch nicht so. Ich nahm an mehreren *yuwipis* für andere teil, und irgendwie gewann ich an Kraft. Ich weiß nicht, worauf das zurückzuführen war, doch konnte ich es deutlich spüren. Obwohl

Godfrey darauf bestand, daß wir sofort ein *yuwipi* für mich abhielten, ließ ich andere vor, weil sie mir leid taten und meiner Meinung nach noch dringender der Heilung bedurften als ich. Ich kann nicht sagen, warum ich mich so verhielt, aber so war es. Godfrey drängte mich nicht und akzeptierte meine Entscheidung; er gab mir täglich von der Medizin, und schließlich sagte er: »Hier ist einfach zuviel los. Fahr zurück nach Ontario. Wir werden bald nachkommen und ein *yuwipi* bei dir zu Hause abhalten.« Einer von Godfreys Brüdern hatte mir erzählt, daß Godfrey noch nie eine Heilungszeremonie außerhalb des Reservats abgehalten hatte, doch knapp einen Monat später – im April 1986 – traf er in Ontario ein.

Ich blieb ungefähr drei Wochen bei Godfrey und seiner Familie in South Dakota. Während der ganzen Zeit nahm ich die Medizin, die mir Godfrey am ersten Tag gegeben hatte. Sie bestand aus einem bitter schmeckender Tee, von dem ich jeden zweiten Tag eine Tasse trank. Und obwohl noch keine Zeremonie für mich stattgefunden hatte, gewann ich langsam an Kraft und konnte sogar ein wenig herumlaufen. Ich nahm, wie gesagt, an mehreren *yuwipis* für andere Leute teil, und ich hatte Godfrey erzählt, daß mich dabei jedes Mal irgend etwas berührte. Er sagte, er wüßte darum und daß die *Tunkashilas* mir mit diesen Berührungen Kraft gaben. Es war meine Entscheidung gewesen, andere vorzulassen, und vielleicht hatten sie deswegen Mitleid mit mir und gestanden mir mehr Zeit zu.

Nach meiner Rückkehr erzählte ich Diana, was passiert war. Wir redeten die ganze Nacht, und ich stellte fest, wieviel ich durch das Zusammensein mit Godfrey gelernt hatte. Wir hatten viele Gespräche miteinander gehabt, und ich weiß, daß er mich immer im Auge hatte und um meinen Zustand wußte. Nachts schlief ich im selben Raum wie er, in seinem alten Wohnwagen, und manchmal hatte ich das Gefühl, daß ich meinerseits auch ihn beschützte. Heute weiß ich, daß jene Tage mit Godfrey der Beginn meiner Gesundung und eines Lernprozesses waren, der bis heute anhält. Und obgleich er keine Zeit damit verlor, mir die traditionelle indianische Lebensweise zu erklären, spürte ich doch bald, wie sich mein Herz einer neuen Denk- und Sichtweise öffnete, die vollkommen anders war als alles, was ich bisher gekannt hatte.

Oft sagte er zu mir: »Komm, laß uns irgendwo hinfahren!« Und während wir uns in seinem alten Jeep auf den Weg in die nächste kleine Stadt machten, um einen Hamburger zu essen, oder durch die *Badlands* mit ihren phantastischen Bergformationen fuhren, erklärte er mir viele Dinge, die Prophezeiungen, die Vision und die harten Lebensbedingungen seines Volkes. Zunächst hatte ich ein komisches Gefühl, doch im Laufe der Zeit eröffnete er mir eine neue Welt, die mich immer mehr beeindruckte und von der ich ein Teil sein wollte. Diese Ausflüge mit Godfrey, auf denen uns manchmal sein Vater begleitete und bei denen ich aufmerksam ihren Erzählungen und Berichten zuhörte, hatten außerdem einen psychologischen Effekt: eine Zeitlang vergaß ich die verzweifelte Situation, in der ich mich befand.

So schnell hatte ich nicht damit gerechnet, doch schon am dritten Tag nach meiner Rückkehr kamen Godfrey, seine Eltern und sein Bruder Philip in Ontario an. Sie mußten Pineridge kurz nach mir verlassen haben, obwohl sie mir nicht gesagt hatten, daß sie so bald kommen würden. Hier waren sie also.

Godfrey erklärte mir sofort, welche Vorbereitungen für die Zeremonien getroffen werden mußten. Im Garten mußte eine Schwitzhütte gebaut werden, und wir mußten unser Souterrain ausräumen, weil dort das *yuwipi* abgehalten werden sollte. Wegen der Dringlichkeit und der Tatsache, daß mir nicht mehr viel Zeit blieb, obwohl ich mich in den letzten Wochen ein wenig besser gefühlt hatte, führten wir eine Zeremonie, die normalerweise an vier aufeinanderfolgenden Tagen abgehalten wurde, in zwei Tagen durch. Aus diesem Grund war sie unglaublich intensiv. Godfrey hatte mir gesagt, daß ich wegen der Intensität ziemlich stark von den *Tunkashilas* »rangenommen« würde und ich dabei von ganzem Herzen für meine Familie und mich beten sollte. Damit würde dann der Heilungsprozeß beginnen. Ich wußte nicht, auf welche Art ich dermaßen »rangenommen« werden würde, doch sollte ich das bald herausfinden.

Schon in der Schwitzhütte konnte ich spüren, daß irgend etwas geschehen würde. Die Anwesenheit von unsichtbaren Wesen war deutlich spürbar. Mir kamen die Tränen, und wir beteten und schwitzten, bis ich glaubte, mich aufzulösen.

Während der anschließenden *yuwipi*-Zeremonie schwebten die Rasseln durch die Luft, und sie kamen direkt auf mich zu. Sie schlugen überall auf meinen Körper ein; es war zwar nicht direkt ein Prügeln, aber ich spürte es sehr deutlich. Es tat nicht wirklich weh, sondern fühlte sich eher so an, als ob Strom von einer Million Volt ununterbrochen wie elektrische Schocks durch meinen Körper strömte. Und niemand in diesem Raum bewegte die Rasseln, das machten die *Tunkashilas*. Sie berühren dich mit diesen Rasseln, anstatt einen direkten

Kontakt herzustellen, und auf diese Weise heilen sie dich. Die intensive, ununterbrochene Energie, mit der mich die Rasseln behandelten, beweist auch, wie krank ich war. Nach der zweiten Zeremonie in der darauffolgenden Nacht vergrub Godfreys Vater die Rasseln in der Erde, weil sie total verbraucht waren – was normalerweise nicht getan wird.

Ich fühlte mich nach diesen beiden Nächten sehr erschöpft, doch Godfrey teilte mir mit, daß ich schon bald wieder ganz gesund werden würde. Die *Tunkashilas* hatten ihn das wissen lassen. Man kann ohne Umschweife sagen, daß mir damals ein neues Leben gegeben wurde, denn – laut Meinung der Ärzte – dürfte ich längst nicht mehr am Leben sein.

Dann sagte Godfrey mir die Dinge, die ich entsprechend den Instruktionen der *Tunkashilas* von nun an in meinem Leben tun mußte. Er meinte, daß ich Träume haben würde, und da ich eine zweite Chance zu leben bekommen hatte, würde ich von nun an anderen Menschen auf eine bestimmte Weise helfen. Ich verstand damals nicht, was er damit meinte, doch heute – elf Jahre später – verstehe ich es. Manchmal bekomme ich es mit der Angst zu tun, weil sich viele meiner Träume realisieren. Godfrey hatte gesagt, daß diese Träume wie Türen sind, die sich mir im Laufe der Zeit öffnen würden. Vor ungefähr zwei Jahren hatte ich zum Beispiel einen Traum, der mich sehr verwirrte. Godfrey und ich waren gemeinsam in einem *inipi*, und plötzlich war ich nicht mehr da. Statt dessen fand ich mich in einem beunruhigenden Traum wieder: Ich erfuhr in allen Einzelheiten vom Tod meines Schwiegervaters. Dann wurde der Traum unterbrochen, und ich war wieder in der Schwitzhütte, wo ich Godfrey berichtete, was geschehen war. Ich hatte in meinem Traum zwei Männer getroffen, die mir sagten, wann und wie mein Schwiegervater gestorben sei. Doch während sie noch sprachen, kam ein Blitz, und die Männer verschwanden. Godfrey erwiderte, daß es wohl so passieren würde mit meinem Schwiegervater und daß mir die Männer früher oder später das Ende der Geschichte erzählen würden. In der Zwischenzeit sollte ich Diana Bescheid sagen, damit sie sich auf den Tod ihres Vaters innerlich vorbereiten konnte. Von ihren eigenen Erfahrungen her wußte sie, daß solche Träume ernstgenommen werden sollten. Doch wie kann man sich jemals auf den Tod eines lieben Menschen vorbereiten?

Genau eine Woche nach meinem Traum starb Dianas Vater. Ohne jemals ernstlich krank gewesen zu sein, wurde er das Opfer eines tödlichen Herzinfarktes. Und obwohl Diana und ich befürchtet hatten, daß dies passieren würde, waren wir doch zutiefst geschockt und traurig. Solch eine Erfahrung, wenn sie genau so eintritt, wie man sie geträumt hat, kann sehr erschreckend sein, und am liebsten möchte man diese Träume nie mehr haben und so etwas Trauriges vorher wissen. Doch sollte ich im Laufe der Jahre noch viele ähnliche Träume haben, was es mir ermöglichte, den betroffenen Menschen zu helfen, sich auf das Ereignis vorzubereiten oder Dingen aus dem Weg zu gehen, die auf sie zukamen. Mir war mein zweites Leben gegeben worden, um anderen zu helfen, und ich tat es, wann und wie immer es mir möglich war.

Ich wurde gesund, wofür ich Godfrey und den *Tunkashilas* immer dankbar sein werde. Heute führe ich selbst Leute durch die *inipi*-Zeremonie, so wie er es mich gelehrt hat, singe die Lakota-Lieder und bete mit ihnen. An dieser Stelle möchte ich eine kleine Geschichte über einen Freund von mir erzählen, für den das *inipi* ein Segen wurde.

Vor ungefähr drei Jahren traf ich Floyd zum ersten Mal. Wir wurden schnell gute Freunde, und er erzählte mir von einem ernsten Problem, mit dem er sich seit vielen Jahren herumschlug. Während des Zweiten Weltkrieges war er in Europa in russische Gefangenschaft geraten. Dort hatte man ihm schreckliche Dinge angetan, mit dem Resultat, daß er seit seiner Flucht aus Sibirien vor 40 Jahren unter immer wiederkehrenden, entsetzlichen Alpträumen litt. Ich schlug ihm vor, eine Schwitzhütten-Zeremonie durchzuführen. Er war einverstanden, und während des zweiten *inipi* passierte etwas Besonderes. Es war offensichtlich, daß die *Tunkashilas* anwesend waren, und jeder im *inipi* fühlte es. Der Boden zitterte, und ich befürchtete, das *inipi* würde mit uns davonfliegen, soviel Energie breitete sich darin aus. In jener Nacht wurde Floyd geheilt, und seine Alpträume hörten auf. Nach 40 Jahren konnte er endlich wieder schlafen, ohne schweißgebadet und in Panik aufzuwachen.

Was genau geschehen war, verstand ich nicht, doch war ich froh, daß es Floyd besser ging. Als ich Godfrey später davon berichtete, sagte er, daß durch das *inipi,* das ich aus Mitgefühl für Floyd und in dem Wunsch, ihm zu helfen, abgehalten hatte, eine Tür geöffnet worden war, durch die die *Tunkashilas* hereinkommen und ihn heilen konnten. Bis heute ist mir nicht klar, was genau ich getan habe, doch bin ich froh und dankbar, daß mein Freund, der so lange leiden mußte, endlich Frieden gefunden hat. Ich weiß nicht, auf welchem Pfad ich mich befinde, doch was immer die *Tunkashilas* mit mir vorhaben, ich werde ihnen folgen. Heute empfinde ich alles in meinem Leben wie ein Geschenk, denn eigentlich dürfte ich gar nicht mehr hier sein ...

Ich möchte noch einmal auf meine Krankheit zurückkommen, die ja der Anfang eines neuen Lebens wurde: Noch viele Wochen lang nach den *yuwipi*-Zeremonien nahm ich die Medizin, die mir Godfrey schon bei unserer ersten Begegnung in South Dakota gegeben hatte. Hier und da werde ich auch heute manchmal noch »rangenommen«, spüre elektrische Ströme durch meinen Körper pulsieren, so als ob die *Tunkashilas* sichergehen wollen, daß der Krebs nicht mehr wieder kommt. Normalerweise treten diese Energieschübe während des *inipi* auf, und Godfrey weiß jedes Mal darum, selbst wenn er Tausende von Meilen entfernt ist. Irgendwie paßt er auf mich auf.

Ungefähr einen Monat nach den Zeremonien fuhr ich für einen Check-up zurück ins Mountain Tumor Institut nach Boisé. Nachdem der Arzt diverse Untersuchungen durchgeführt hatte, rief er seine Kollegen herbei, damit auch sie die Resultate sehen konnten, und sie waren sprachlos. Später sagte er mir, daß die Tumore in meinem Körper entweder total verschwunden oder so klein geworden waren, daß sie keine Bedrohung mehr darstellten. Der Tumor in meinem Gehirn, der die Größe eines Golfballs gehabt hatte, war zur Größe einer Erbse zusammmngeschrumpft. Der Arzt fragte mich: »Was haben Sie gemacht?« Ich erklärte es ihm und versuchte, nicht zu unglaubwürdig zu klingen, als ich ihm sagte, daß ich diese Kräutermedizin nahm, die mir ein indianischer Medizinmann gegeben und die mir wohl

geholfen hatte. Er meinte, ich solle sie weiterhin nehmen, denn offensichtlich tat sie ihre Wirkung ...

Ein paar Wochen später fuhr ich noch einmal nach
Boisé, um ein Cat Scan machen zu lassen. Und als die
Ärzte ihn mit dem verglichen, den sie nach meiner letzten Chemobehandlung gemacht hatten, waren sie er-
staunt, um es milde auszudrücken. Seither waren weniger als drei Monate vergangen, doch die Tumore neben meinem Herzen und in meinem Gehirn – von denen
sie damals gesagt hatten, daß mich in jedem Fall einer
der beiden in absehbarer Zeit umbringen würde – waren total verschwunden. Es gab überhaupt nicht die geringste Spur von Krebs mehr in meinem Körper. Alles
in allem fühle ich mich heute besser als vor meiner
Krankheit. Und es sieht so aus, als ob ich tatsächlich
sehen werde, wie meine kleine Tochter zu einer jungen
Frau heranwächst. Und dafür bin ich dankbarer, als ich
es je in Worte ausdrücken könnte ...

ZWEITES KAPITEL

RONS GESCHICHTE

Ron, 27 Jahre alt, ist Film- und Videoproduzent, und lebt in Seattle, Washington.

Dies ist die Geschichte meines *Vision Quest* und wie ich den Namen »Flying Turtle« (Fliegende Schildkröte) bekommen habe.

Ich war gerade von einer Art Pilgerreise durch Indien und Nepal nach Boston zurückgekommen und fühlte mich offen für neue Erfahrungen. Ich wußte, es war an der Zeit, meinen Wohnort und meine Beschäftigung zu wechseln, doch war mir nicht klar, wohin ich gehen und was ich anderes tun sollte. Mein Freund Eric und ich hatten in den zwei Jahren vor meiner Reise unsere *miracle cards* (Wunderkarten) entwickelt, die sich mittlerweile in unserem Versandgeschäft von selbst verkauften. Ich hatte das starke Bedürfnis, mich anderen, interessanteren Dingen zuzuwenden, war mir jedoch nicht sicher, was das sein könnte.

Ein paar Tage nach meiner Rückkehr rief mich mein alter Freund Andrew an, der Ende der siebziger Jahre bei dem Lakota-Indianer John »Fire« Lame Deer im Pineridge Reservat in South Dakota gelebt hatte und dessen Schüler gewesen war. Er kannte viele Leute dort und stand mit einigen von ihnen noch immer in Kontakt. Er sagte uns, daß er einen Anruf von Charles und Godfrey Chips aus Pineridge erhalten habe. Sie hatten

Ron McCabe (Vision Quest)
© John R. Lawrence MA, Seattle, WA, USA

ihm mitgeteilt, daß Godfrey gerade in einer Zeremonie
von den *Tunkashilas* den Auftrag erhalten hatte, die
yuwipi-Zeremonie auch außerhalb des Reservats durchzuführen, um die Spiritualität der Ureinwohner Nordamerikas – insbesondere der Lakota – mit anderen Men-

schen zu teilen. Die *Tunkashilas* hatten Godfrey gesagt, daß es an der Ostküste ein paar Leute gäbe, die ihnen dabei helfen würden. Besonders deutlich hatten sie dabei diese zwei jungen Männer in der Gegend von Boston gesehen. Woraufhin Andy erwiderte: »Das hört sich an wie meine Freunde Eric und Ron!« Also kam er am nächsten Tag gleich zu uns, um uns von dem Anruf zu erzählen.

Da wir in der Vergangenheit schon öfters mit Andy die Erfahrung gemacht hatten, daß seine Geschichten sich nicht immer mit der Realität deckten, waren wir zunächst eher skeptisch. Wir dachten, typisch Andy, wie er wieder mal versucht, uns in irgendeine Situation hineinzuziehen und deswegen so eine Geschichte erfindet. Wir hatten eine Menge Zweifel an der ganzen Sache, doch Andy beschwor uns: »Ich sage euch die Wahrheit; ich werde dafür sorgen, daß die beiden euch heute abend selbst anrufen.« Und so war es. Charles und Godfrey meldeten sich am gleichen Abend telefonisch bei uns und wiederholten genau das, was Andy gesagt hatte. Das beeindruckte uns sehr, obwohl es noch immer schwierig war zu glauben, daß diese beiden fremden Männer ausgerechnet uns während einer Zeremonie im weit entfernten South Dakota gesehen hatten.

Wie auch immer, wir waren einverstanden, ihnen zu helfen. Zudem hörte sich das ganze wie eine aufregende Sache an. Sofort begannen wir damit, Gruppen in New England, Boston, New York und verschiedenen anderen Orten zu organisieren, damit Godfrey und Charles *inipis* abhalten konnten. Ein paar Wochen später trafen wir sie dann zum ersten Mal in New York. Wir vier hatten auf Anhieb einen guten Draht zueinander. Und nachdem eine entsprechende Erlaubnis eingeholt war, führte Godfrey 1986 im State Park von New York seine erste Schwitzhütten-Zeremonie außerhalb des Reservats durch.

Ich hatte schon vor Jahren gelernt, wie man Schwitzhütten baut, also half ich beim Aufbau des *inipi*. Leider waren Charles und Godfrey jedoch der Meinung, daß die Grube für das Feuer, in dem die Steine erhitzt werden, mindestens eineinhalb Meter tief sein mußte. Außerdem war die Erde an dieser Stelle besonders hart. Wir mußten Hacken und sogar einen Vorschlaghammer benutzen, um durch die Wurzeln graben zu können, und bereits nach einem halben Meter stießen wir auf Stein. Viel Muskelschweiß wurde in dieses erste *inipi* investiert, doch nach einem Tag anstrengender Arbeit war es schließlich fertig.

Als wir uns dann am späten Abend alle in der Schwitzhütte versammelt hatten, war ich tief berührt. Beide Medizinmänner, Godfrey und Charles, waren anwesend, doch sollte es es das letzte Mal sein, daß sie gemeinsam ein *inipi* leiteten; ich empfand es als eine besondere Ehre, das erleben zu dürfen.

Sobald die Decken, die vor dem Eingang hingen, runtergelassen wurden und wir uns in vollkommener Dunkelheit befanden, hatte ich das Gefühl, als sei ich endlich zu Hause angekommen. Es fühlte sich so gut hier drin an, so vertraut. Als Charles und Godfrey anfingen, ihre Lakota-Lieder zu singen, kamen diese kleinen Lichter herein, wie Glühwürmchen oder die leuchtenden Flecke, die man sieht, wenn man die Augen richtig stark zusammenkneift. Ich spürte die Macht dieser Lieder. Meine Haut begann zu kribbeln; mein Herz begann sich zu öffnen und klopfte immer schneller. Dann hörte ich Dinge in der Hütte, jenseits meines normalen Gehörs, wie Flüstern und Raunen. Ich wußte, daß etwas Besonderes geschah, etwas, das ich noch nie erlebt hatte, und es beeindruckte mich zutiefst. Jeder von uns betete sein Gebet, sprach die Worte und Gedanken aus, die ihm auf dem Herzen lagen, weinte, drückte Dankbarkeit aus, flehte um Hilfe oder war einfach nur froh, hier zu sein. Nach ungefähr zwei Stunden verließen wir schweißgebadet das *inipi,* und ich kam mir vor wie neugeboren, als käme ich aus einer anderen Welt zurück.

Ich hatte von Anfang an einen sehr guten Kontakt mit Charles und Godfrey, vor allem mit Charles. Wir hatten sofort eine Verbindung miteinander, die nicht viele Worte brauchte. Was Godfrey betrifft, so spürte ich vor allem seine Integrität, seine Ehrlichkeit, seine starke Spiritualität und die leidenschaftliche Hingabe an seine Arbeit. Sie waren beide sehr natürliche, einfache Menschen, total bescheiden und ungezwungen, die ganz offensichtlich ihr Leben genossen, was mir an ihnen besonders gefiel. Sie hatten nichts von jener unnahbaren »Spiritualität«, die so oft bei Leuten zu finden ist, die irgendwelche außerordentlichen geistigen Fähigkeiten zu besitzen glauben. Charles und Godfrey gingen davon aus, daß alles Leben spirituell ist, und ich teilte diese Ansicht. Also entschloß ich mich, eine Zeitlang mit ihnen zusammenzusein und ihnen unter die Arme zu greifen, wann immer sie meine Hilfe brauchen konnten.

Während der nächsten Wochen reisten wir durch New England und bauten Schwitzhütten. Godfrey führte *five stick*-Zeremonien durch, *inipis* und *yuwipis.* Die Kunde, daß ein indianischer Medizinmann kam, der tatsächlich Leute heilen konnte, machte schnell die Runde, und immer mehr Menschen wollten an *inipis* teilnehmen und baten Godfrey um Zeremonien. Es war eine herrliche Zeit. Einmal zum Beispiel fuhren wir zu einem Ashram in der Nähe von Boston. Dort lebte in einem kleinen, kargen Zimmer ein Mann, der eine schwere Lungenentzündung hatte. Er war so krank, daß er nicht einmal aufstehen konnte. Seine Mitbewohner hatten von Godfrey und Charles gehört und gefragt, ob sie nicht etwas für den Kranken tun könnten.

An jenem Tag lernte ich etwas sehr Wichtiges: Charles beschloß, das *inipi* zu dem Kranken zu bringen anstatt umgekehrt. Wir brachten die Steine draußen im Feuer zum Glühen und legten sie dann in einen Stahleimer, den ich in das Zimmer des Kranken trug. Dann brachte ich einen zweiten Eimer herein, dieses Mal mit Wasser gefüllt. Ich schloß die Tür und Fenster und schaltete das Licht aus. Dann begann Charles, das Wasser über die heißen Steine zu schütten, genau wie in der Schwitzhütte. Sofort bildete sich Dampf, und Charles forderte den Mann auf, sich so gut es ging über den Dampf zu beugen, der bald das ganze Zimmer erfüllte. Es dauerte nicht lange, und der Swami begann, einiges von dem Zeug auszuhusten, das in seiner Lunge war. Mit jeder Minute schien er an Kraft zu gewinnen. Sein Raum allerdings war total ruiniert: die Bücher und alles andere im Raum trieften vor Nässe wegen des Dampfes. In den folgenden Tagen schleppten wir den Mann noch mehrere Male aus dem Haus – es ging ihm zwar besser, doch er konnte noch nicht alleine gehen –, und Charles oder Godfrey führten *inipis* für ihn durch, bis er wieder vollkommen gesund war. Das *inipi* hatte zwar seine Bücher zerstört, aber sein Leben gerettet.

In dieser Situation lernte ich, daß Zeremonien den Umständen angepaßt werden können und daß dies wichtiger ist als die genaue Einhaltung des Protokolls. Ich sagte Charles, daß ich gerne mehr über die Medizin lernen würde, und fragte ihn, ob er mich vielleicht sogar als seinen Lehrling annehmen könnte. Er meinte, das wäre schon möglich, doch zunächst müßte ich auf den Berg gehen und mindestens eine Nacht lang »um eine Vision flehen«, wie die Lakota sagen. Damit war ich nicht nur gleich einverstanden, die Idee begeisterte mich! Denn seit ich vor Jahren zum ersten Mal davon gehört hatte, war mir der Wunsch, selbst ein *Vision Quest* zu machen, nicht mehr aus dem Kopf gegangen. Charles meinte, dafür müsse ich nach South Dakota kommen. Ich sagte zu. Es war sowieso an der Zeit für mich, Boston den Rücken zu kehren und neue Erfahrungen zu machen, herauszufinden, was mein nächser Schritt sein würde. Ein *Vision Quest* schien genau das richtige zu sein, bevor ich die nächste Phase in meinem Leben beginnen würde.

Außerdem hatte ich mich sehr gefreut, als Charles meinte, daß ich offenbar ein Gefühl für die Medizin hätte. Während unserer Schwitzhütten-Zeremonien hatte ich mit Godfrey und Charles eine so tiefe Verbindung, daß sie mich mit der Medizin arbeiten ließen, mit den Steinen und dem Feuer und der Pfeife. Ich schien ein intuitives Verständnis für diese Dinge zu haben. Nicht zuletzt meine Reise nach Indien und Nepal und die Ereignisse, die mir dabei widerfahren waren, hatten meinen Respekt vor den Menschen vertieft, und daher hörte ich ihnen nicht nur mit meinen Ohren zu, sondern vor allem mit dem Herzen. Wenn sie also während der Zeremonie jemanden brauchten, der ihnen half, zum Beispiel um die Pfeife anzuzünden oder die Tür zu öffnen, so spürte ich das sofort und tat es. Ich hörte hin und half, soviel ich konnte. Charles sagte mir später:

»Es sieht so aus, als seist du bereits auf der ersten Stufe der Medizin. Du bist deswegen allerdings noch kein Medizinmann, denn dafür ist die Meisterung aller vier Stufen der Medizin notwendig.« Nie habe ich diese Worte vergessen, und bis heute beschränken sich meine Erfahrungen auf die ersten beiden Stufen der Medizin. Ich fragte ihn: »Was sind diese vier Stufen der Medizin?« Er antwortete: »Jeder Medizinmann – abgesehen von Godfrey; er ist anders, ein Interpret der Geister – muß alle vier Stufen meistern, bevor er wirklich im Besitz der Kraft ist. Auf der ersten Stufe lernst du die Zeremonien und Rituale, wie die Dinge richtig durchgeführt werden, die Tradition. Dann gehst du hin und führst diese Tradition fort und hilfst damit deinen Leuten. Mit dem zweiten Level der Medizin beginnst du, die Essenz hinter der Kraft zu verstehen; allmählich begreifst du, was heilig ist und wie dieses Heilige zu den Orten und Menschen gebracht werden kann. Jetzt beginnst du, deine eigenen Zeremonien zu entwickeln, so wie wir es in dem Raum mit dem Swami gemacht haben. Du tust, was notwendig ist, und weißt, daß du den Geist überallhin bringen kannst, wo er benötigt wird, und deine eigenen Zeremonien schaffen kannst, denn du hast das dafür notwendige Wissen.«

Dann fragte ich: »Was ist die dritte Stufe der Medizin?« Und er antwortete: »Siehst du den Baum da drüben? Du und ich, wir gehen um den Baum herum auf die andere Seite und finden uns in Australien wieder. Das ist die dritte Medizin.« Ich schaute ihn an, unfähig zu begreifen, was er soeben gesagt hatte, und fragte schnell: »Und worin besteht die vierte Stufe?« Worauf Charles erwiderte: »Der vierte Level ist jenseits allen Verstehens.« Diese Antwort irritierte mich noch mehr;

ich konnte mir nicht im geringsten vorstellen, was er damit meinte. Denn schon die dritte Stufe schien so weit jenseits von allem zu liegen, wovon ich je gehört hatte, daß ich sicher war, er hätte sich nur einen Scherz mit mir erlaubt.

Wie dem auch sei, in dem Ashram in Boston hatte ich eine Frau kennengelernt, Shabari Redbird, und wir begannen eine Beziehung. Unter anderem war sie eine Zeitlang bei Wallace Black Elk gewesen, und als sie hörte, daß ich im Sommer nach South Dakota fahren wollte, um dort ein *Vision Quest* zu machen, wollte sie mich unbedingt begleiten und auch ihre beiden Söhne mitnehmen.

Mitte August fuhren Charles und Godfrey zurück ins Reservat und ich nach Boston. Ich kündigte meine Wohnung und stellte meine Sachen im Haus meiner Großeltern in New Jersey unter. Dort bekam ich einen Anruf von Angelika, einer guten Freundin aus Deutschland. Sie sagte, daß sie im Sommer für ein paar Wochen in die USA kommen und mich dabei gerne besuchen wollte. Ich freute mich darauf, sie nach Jahren wiederzusehen, und sagte ihr: »Ende August fahre ich nach South Dakota ins Pineridge-Reservat. Ich mache dort ein *Vision Quest*, und wenn du rechtzeitig hier bist, kannst du mitfahren, wenn du willst.« Der Gedanke gefiel ihr offensichtlich, denn sie sagte begeistert zu.

Wir hatten einander lange nicht gesehen, und ich freute mich darauf, ein paar Tage oder Wochen mit ihr zu verbringen. Shabari kannte Angelika zwar nicht, hatte aber nichts dagegen einzuwenden, daß sie mit uns fährt. Und sobald sie dann ein paar Tage später in New York gelandet war, machten wir uns auf den Weg nach South Dakota.

Auf der langen Fahrt machten wir einen Umweg über das Pipestone Monument in Minnesota, dem einzigen Ort in den USA, an dem die Indianer den roten Stein für ihre Pfeifen finden. Shabari, einer ihrer Söhne und ich nahmen uns je ein paar kleinere Steine. Ich hatte bereits gelernt, daß man der Erde immer etwas zurückgibt, wenn man etwas von ihr nimmt, und ihr auf diese Weise seinen Dank ausdrückt. Am Eingang zu diesem Monument standen zwei riesige, unbehauene Steinbrocken da wie Wächter. Einer der beiden Felsen hatte tatsächlich die Form eines Gesichtes, und es zeigte deutlich das Profil eines indianischen Kriegers. An dieser Stelle legte ich eine Prise Tabak auf die Erde und bedankte mich für die Steine, die ich genommen hatte. Als wir schließlich ein paar Stunden später alle wieder im Auto waren und weiterfahren wollten, sprang der Wagen nicht an. Das war seltsam, denn bis hierher war er wunderbar gelaufen. Also fragte ich: »Wer von euch hat Steine mitgenommen?« Shabari sagte, sie hätte einen Stein mitgenommen und dafür eine Gabe Tabak zurückgelassen. Auch ihr jüngerer Sohn hatte ein paar Steine eingepackt, aber keine Opfergabe hinterlassen. Wir holten das dann sofort nach. Und als wir schließlich weiterfahren wollten, sprang der Motor sofort an, als hätte es nie Schwierigkeiten gegeben ...

Ich hatte viel Gutes von Orville Lookinghorse gehört, dem »Hüter der heiligen Pfeife« der Lakota, die ihnen vor langer Zeit von White Buffalo Calf Woman gegeben worden war. Darüber hinaus bewahrte er noch ein paar andere Pfeifen auf, die nur bei besonderen Zeremonien benutzt werden, und wir beschlossen, ihn aufzusuchen. Wo er wohnte, wußten wir allerdings nicht.

In diesem Teil des Landes gibt es viele Rinderfarmen sowie Felder, auf denen Mais und Weizen angebaut wird. Obwohl es sich um Reservatsgelände handelt, müssen die Lakota das fruchtbare Land an nichtindianische Farmer für eine lächerlich geringe Jahressumme verpachten, da »sie schließlich keine Bauern sind und daher nicht die notwenige Qualifikationen haben«! Die Felder und Wiesen liegen alle dicht beieinander und werden nur hier und da durch staubige Wege getrennt. Die Landschaft ist teilweise hügelig, und so weit das Auge reicht, sieht man nichts außer Hügeln und Felder, hier und da eine Farm und ab und zu ein paar von der Regierung hingestellte Häuser, in denen die Lakota wohnen. Nach einer gewissen Zeit sieht das Land überall gleich aus, man stellt keine Unterschiede mehr fest, und da es so gut wie keine Wegweiser gibt, ist es leicht, sich zu verfahren. Und das passierte uns mehr als einmal. Eines späten Abends, erschöpft und müde vom stundenlangen Fahren, machten wir in einem Feld Rast. Es gab dort ein paar Bäume und einen kleinen Bach, und dort verbrachten wir die Nacht. Kurz vor Sonnenaufgang wurde ich wach, stieg aus, und während ich mein Gesicht mit dem kühlen Wasser aus dem Bach bespritzte, bemerkte ich in der Ferne eine riesige Staubwolke. Da draußen kann man immer sehen, wenn sich ein Auto nähert, weil dann der von ihm aufgewühlte Staub wie viele kleine Sturmwolken über die Prärie wirbelt. Und als der Wagen näher kam, sah ich, daß es sich um einen Kleinlaster handelte. Sofort bemerkte ich den Gewehrständer auf der offenen Ladefläche, zudem trug der Fahrer einen Cowboyhut. Das schien mir kein gutes Zeichen zu sein, und besorgt dachte ich: »Hier kommt der Farmer und jagt uns mit dem Gewehr im Anschlag von seinem Feld!« Sofort weckte ich die anderen auf. Doch als der Wagen näher kommt und zu uns aufs Feld abbiegt, sehe ich hinter dem Steuer einen Indianer, hochgewachsen, mit Zöpfen und Sonnenbrille. Er hält neben uns, steigt aus und fragt: »Kann ich euch helfen?« Ich sage: »Wir haben uns verfahren und suchen Orville Lookinghorse. Wissen Sie, wo er ist?« Worauf er antwortet: »Ja, ich kenne ihn, ich weiß, wo er wohnt. Folgt mir. Ich werde euch hinbringen.« So geschah es. Wir fuhren ihm ungefähr fünf Meilen lang auf holprigen Feldwegen in einer Staubwolke hinterher, bis wir an eine Stelle kamen, wo es ein paar hübsche, rollende Hügel gab und Bäume, die Schatten spendeten. Hier hielt der Wagen. Wir stiegen aus, und ich fragte: »Wohnt Orville Lookinghorse hier? Wo ist er?« Und der Mann, der uns hierher geführt hatte, sagte: »Nun, er ist hier. Du sprichst mit ihm.«

Wenn ich sage, daß ich überrascht war, so untertreibe ich, und ich fragte ihn: »Woher wußtest du, daß wir kommen, und wie hast du uns gefunden?« Er erwiderte: »Als ich heute morgen aufgewacht bin, sagten mir die *Tunkashilas,* daß ein paar Leute nach mir suchen. Also fuhr ich euch entgegen, weil ihr euch verfahren hattet.« Ich war sprachlos, als ich hörte, daß dieser Mann uns tatsächlich in einer Vision gesehen hatte, obwohl er nach menschlichem Ermessen gar nicht wissen konnte, daß wir auf dem Weg zu ihm waren. Ich fragte ihn dann nach der heiligen Pfeife der Lakota, deren Hüter er ist, woraufhin er mir einige Dinge in bezug auf die Macht der Pfeife im allgemeinen mitteilte, die ich bis heute in meinem Inneren bewahre ...

Obwohl ich ihn seitdem nie mehr gesehen habe, werde ich Orville Lookinghorse nie vergessen, diesen bescheidenen, aufrichtigen Mann, bei dem man auf Anhieb spürte, daß er mit dem Geist verbunden war.

Schließlich verließen wir ihn wieder und fuhren direkt nach Wanblee, wo Charles und Godfrey leben. Wanblee heißt »Adler« in Lakota. Eric, Andy und ein paar andere Freunde waren bereits da. Die Chips nennen ihr Stück Land außerhalb von Wanblee, wo sie die meiste Zeit verbringen, unser »Landhaus«, obwohl von »Haus« eigentlich nicht die Rede sein kann. Zwar wohnen die Eltern Chips in einem alten Blockhaus, das aus einem Raum besteht, und es gibt das Zeremonienhaus, doch alle anderen leben in alten Wohnwägen, die im Winter zu kalt sind, im Sommer zu heiß, und wenn es regnet, müssen alle Eimer und Schüsseln her, um das Wasser aufzufangen, das durch die Decke tropft.

Dennoch ziehen die Chips und viele andere Lakota es vor, draußen auf dem Reservatsland zu leben anstatt in der »Stadt« Wanblee, wo das Bureau of Indian Affairs (BIA), das in Wahrheit so gut wie nichts für die Indianer tut, einige scheußliche Häuser wahllos und ohne irgendwelche Planung oder gar Berücksichtigung ästhetischer Gesichtspunkte in der Gegend verstreut hat. Häuser ohne Isolation, aus billigstem Material gebaut, und genau wie die Wohnwagen im Sommer zu heiß und im Winter zu kalt. Einige dieser Häuser bestehen nur aus Holz und Verputz, und in Anbetracht der extremen Klimaverhältnisse in South Dakota ist es erstaunlich, daß die Menschen überhaupt darin leben können. Die Armut und die Bedingungen, unter denen die Menschen dort leben, machten mich traurig. Wie in einem Land der »Dritten Welt«; das Pineridge Reservat ist definitiv nicht, was wir unter Amerika verstehen.

Das Land der Chips-Familie ist jenseits des Eagle Neste Butte (Adlernest-Hügel), einem kleinen Berg, wie man ihn oft in den mittleren und südwestlichen Staaten der USA wie Utah, Arizona und New Mexico findet. Er ragt über die Ebene der Prärie hinaus und ist oben flach. Eagle Butte ist ein Ort, an dem die Lakota schon seit unzähligen Generationen *Vision Quests* und heilige Zeremonien durchgeführt haben.

Am vierten Tag unserer Fahrt hatten wir also endlich das Camp der Chips erreicht. Außer dem Blockhaus und den alten Wohnwägen gab es nur ein Zeremonienhaus, das gemessen an den Wohnquartieren ziemlich groß war. Es bestand aus Holzbalken und wurde ausschließlich für Zeremonien benutzt.

Elektrizität wurde mittels Generatoren gewonnen, und das Wasser mußte mit der Hand aus einem tiefen Brunnen gepumpt werden, wo sich zu allen Stunden des Tages die Leute trafen, um sich, das Geschirr oder ihre Sachen zu waschen. Wenn man dem Ruf der Natur folgen mußte, ging man genau dahin, es sei denn, man zog das Außenklo vor, das zwei Personen gleichzeitig Platz bot ... Die Leute leben sehr einfach, doch ich spürte einen tiefen Frieden und Zeitlosigkeit.

Genau hinter dem Zeremonienhaus gab es eine alte Schwitzhütte mit einer tiefen Feuergrube, in der die Steine für das *inipi* erhitzt werden. Als erstes baute ich eine neue Schwitzhütte, da die alte nicht mehr genug Platz für alle bot. Nachdem ich mit Charles und Godfrey wochenlang durch New England gereist und meine vordringlichste Aufgabe dabei das Bauen von *inipis* bzw. das Ausheben der Feuergrube gewesen war, konnte ich das mittlerweile recht gut und schnell.

Andy hatte am Tag unserer Ankunft seinen *Vision*

Quest beendet. Er war am frühen Morgen bei Sonnenaufgang vom Berg gekommen, und sein Geist schien noch immer in einer anderen Welt zu sein. Die *Tunkashilas* hatten Godfrey und Charles in einer Zeremonie wissen lassen, daß es wieder an der Zeit sei, *Vision Quests* auf Eagle Neste Butte durchzuführen. Lange Zeit war das nicht geschehen, was an der allgemeinen Verzweiflung der Menschen im Reservat und dem erzwungenen Verlust ihrer Tradition lag. Andy war seit 30 Jahren nicht nur der erste Mann, sondern auch der erste Nicht-Indianer, der auf den Berg ging. Ich würde der zweite sein.

Bald waren wir alle mit dem Bau von zwei Schwitzhütten – eine für die Männer und eine für die Frauen – und mit der Vorbereitung von nächtlichen Heilungszeremonien beschäftigt. Einige Leute, die Heilung brauchten, waren aus Boston gekommen und hofften, daß Godfrey ihnen helfen könnte. Fast zwei Wochen lang fanden jede Nacht in dem kleinen Holzhaus *yuwipi-* und *five stick*-Zeremonien statt.

An dieser Stelle möchte ich kurz eine *yuwipi*-Zeremonie beschreiben. Zunächst werden dem Medizinmann die Hände hinter seinem nackten Rücken mit Lederriemen gefesselt. Danach wird er von den Füßen bis über den Kopf in eine Patchworkdecke, die mit einem großen, vielfarbigen Stern in der Mitte versehen ist, eingewickelt und dann vorsichtig auf ein Lager aus Salbeizweigen mit dem Gesicht nach unten vor dem Altar niedergelegt, der nach Westen zeigt. Neben verschiedenen heiligen Gegenständen liegt dort ein kleiner Hügel Maulwurferde, die nicht von menschlichen Händen berührt wurde. Die Lakota glauben, daß Tiere reine Lebewesen sind; was immer sie tun, geschieht auf gute und heilige Art. Und selbst die Erde, die sie von unterhalb des Bodens nach oben befördern, kann uns Menschen helfen, in Kontakt mit dieser Heiligkeit zu kommen. Wir tendieren dazu, diese Dinge zu vergessen und ein kompliziertes anstatt einfaches Leben zu führen. Aus diesem Grund helfen uns einfache Dinge, mit der einfachen Wahrheit des Lebens wieder in Berührung zu kommen, und das hilft uns in den Zeremonien.

Nun liegt der *yuwipi*-Mann also auf dem Boden. Auf der einen Seite des Raumes sitzen die Männer mit ihren Trommeln, auf der anderen Seite die Frauen. In unmittelbarer Umgebung des Medizinmannes ist ein wenig Raum, den niemand betreten darf und der mit 405 *tobacco ties* – die Anzahl der Tier- und sonstigen Geistwesen in der Lakota-Mythologie – gekennzeichnet ist. Diese Dinge sind real, wie ich selbst jenseits allen Zweifels erfahren habe. Und für die Lakota, die nicht resigniert und den Kontakt mit ihren Traditionen verloren haben, ist das Wissen um diese Geister und die Interaktion mit ihnen auch heute Teil ihres täglichen Lebens. Meines Erachtens liegt der Grund dafür darin, daß nach Tausenden von Jahren, in denen die Menschen in einer bestimmten Gegend mit Geistwesen kommuniziert und zusammengearbeitet haben, Realität als eine Art Übereinkommen betrachtet wird. Die geistigen Kräfte sind Naturkräfte, und die Menschen gehen irgendwann eine Beziehung mit ihnen ein. Und wenn während einer langen Zeit gewisse Dinge immer wieder auf eine festgelegte Art durchgeführt werden, verleiht ihnen das eine eigene Realität.

In jeder Ecke des Raumes gab es ein kleines Loch im Holzboden, in welches Gebets-Stöckchen gesteckt werden, die mit verschiedenen Farben umwickelt sind:

Schwarz für den Westen, Rot für den Norden, Gelb für den Osten, Weiß für den Süden, Grün für die Erde und Blau für den Himmel. Dies sind die heiligen sechs Richtungen. Dann wird die *chanunpa* ausgelegt, die sich seit mehr als hundert Jahren im Besitz der Chips befindet. Sie ist besonders schön und wird oft benutzt. Ihr spiralförmiger Schaft ist meisterhaft geschnitzt und mit sechs bunten Ringen für die heiligen Richtungen versehen, die sich um den Stamm der Pfeife bewegen können, obwohl sie aus demselben Stück Holz gemacht wurden und nicht von ihm getrennt werden können.

Diese Dinge werden also auf dem Altar ausgebreitet. Die Teilnehmer an der Zeremonie sind vorher in der Schwitzhütte gewesen, um sich an Geist und Körper zu reinigen, und wenn sie den Raum betreten, werden sie mit rauchendem Salbei und Süßgras befächelt. Wenn alle Platz genommen haben, der Medizinmann auf dem Boden liegt, die Trommler mit ihren Liedern beginnen und die Kerzen gelöscht sind, beginnt die *yuwipi*-Zeremonie.

Was ich in diesen Zeremonien erlebt habe, öffnete endgültig meine Augen für die Möglichkeit, daß die geistige Welt tatsächlich real ist und eine Dimension darstellt mit Wesen, die respektiert, geehrt und deren Mitteilungen gehört werden sollten.

Nachdem die Kerzen gelöscht sind und die Lieder den nachtschwarzen Raum zu füllen beginnen, hört man bald diese Laute, ein eigentümliches Flüstern, gleich jenseits des normalen Gehörsinns, so als ob Geister sprechen würden. Dann erscheinen kleine Lichter, die wie Laserpunkte aussehen und überall im Raum aufblitzen, kürzer oder länger an einer Stelle verweilen, um dann wieder zu verschwinden. Die Rasseln beginnen sich allein vom Altar zu erheben, als würde ein unsichtbares Wesen sie bewegen. Sie fangen an, wild durch den Raum zu klappern. Selbst an der ungefähr vier Meter hohen Decke konnte man die bläulichen Lichter der Rasseln sehen. Ausgeschlossen, daß irgendeiner von uns so weit oben hätte hinreichen können. Die Rasseln tanzen und schütteln durch den Raum und konzentrieren sich schließlich auf die Person, die Antwort auf eine Frage sucht oder Heilung braucht. Sie rasseln über den ganzen Körper und berühren ihn an verschiedenen Stellen, besonders da, wo er Schwächen hat. Eine unglaubliche, erstaunliche Erfahrung! Selbst wenn man vorher nicht an die Realität von Geistwesen geglaubt hat, nach dieser Erfahrung tut man es. Ich erinnere mich, daß ich zu Beginn der Zeremonie gewisse Zweifel hatte und herauszufinden versuchte, wie die Chips dieses »wunderbare« Schauspiel zustandebrachten. Meine Gedanken rasten, doch brachten keine einleuchtenden Antworten hervor, bis ich schließlich erkannte, daß das, was hier passierte, tatsächlich geschah, so unmöglich es auch schien. Keine logischen Erklärungen oder intelligenten Theorien ergaben Sinn. Es war genau so, wie es war.

Während vieler dieser Zeremonien habe ich erlebt, wie Menschen von Krankheiten wie Aids, Leukämie oder Krebs geheilt bzw. wie diese zum Stillstand gebracht wurden, selbst wenn die behandelnden Ärzte davon überzeugt waren, daß es keine Hoffnung auf Heilung gab. Auch schwerwiegende psychische Störungen wie Angstattacken sind durch das *yuwipi* geheilt worden. Während der Zeremonie sagen die Geister Godfrey Dinge über den Betreffenden und lassen ihn wissen, in welcher Weise derjenige sein Leben ändern soll oder welche Kräuter genommen werden müssen, um eine Besserung herbeizuführen. Und wenn die Zeremonie vorbei ist, teilt Godfrey dem Kranken mit, was die Spirits ihm gesagt haben. Er hat mir erklärt, daß er die richtige Medizin an ihrem besonderen Leuchten erkennen kann, wenn er in die Prärie nach ihr sucht. Alle Heilkräuter, die er braucht, wachsen in der Umgebung. Dann präpariert er die Medizin entsprechend den Instruktionen der Geister, und gibt sie während einer Pfeifenzeremonie dem Patienten, dem es dann bald besser geht.

Dies ist das Geschenk, das die Geister Godfrey Chips gegeben haben und das seit Generationen von einem Medizinmann zum anderen weitergegeben wird. Und alle *yuwipi*-Männer dieses Jahrhunderts, von denen Godfrey vorläufig der letzte ist, haben ihre Lehren von Godfreys Urgroßvater Horn Chips bekommen, der diese heilige Zeremonie wiederbelebte, als das Wissen darum beinahe verlorengegangen war …

Zurück zu meinem *Vision Quest*. Ich hatte Godfrey im *inipi* mitgeteilt, daß ich zwei Tage und drei Nächte auf den Berg gehen wollte. Den Zeitraum, für den man sich entscheidet, muß man einhalten, sonst hat das negative Konsequenzen, vor allem für den Medizinmann.

Doch vorher müssen verschiedene Dinge besorgt werden: ein Metalleimer, ein Messer, ein Hackbrett, ein Schöpflöffel, eine Decke und eine Pfeife. Obwohl ich einige Pfeifen beim Pipestone-Monument gekauft hatte, die ich verschenkt hatte, besaß ich selbst keine. Also fuhren Shabari und ich nach Rapid City, wo wir zwei kleine, bescheidene Pfeifen erstanden. Jeder von uns brauchte zudem eine Adlerfeder, die du irgendwie bekommen mußt, aber nicht kaufen kannst. Bei den Lakota werden einer Person Adlerfedern für eine mutige Tat oder in Anerkennung für ein Ereignis gegeben, das einen wichtigen Meilenstein im Leben dieses Menschen darstellt, eine Initiation, die er durchlaufen hat. Das war mir noch nicht widerfahren, und ich hatte keine Ahnung, wie und wo ich eine solche Feder finden sollte. Als der Zeitpunkt für mein *hanblecha* immer näherrückte, begann ich mir deswegen Sorgen zu machen. Charles und Godfrey boten mir keine Adlerfeder an, und es blieb mir nichts anderen übrig, als zu hoffen, irgendwie eine für mich und Shabari zu finden. Ich war froh, als ich in der Ferne ein paar Adler um Eagle Nest Butte fliegen sah ...

Es war der Tag vor dem *Vision Quest,* und ich hatte noch immer keine Adlerfeder. Charles und Godfrey schlugen vor, auf den Berg zu gehen und inständig zu beten und die Adlergeister um eine Feder zu bitten. Das tat ich, und nachdem ich gebetet hatte, ging ich den ganzen flachen Berg entlang. Es handelt sich dabei um eine ziemlich große Fläche, ungefähr einen halben Kilometer lang. Schließlich kam ich an einen Platz mit kleinen Höhlen im Gestein. Als ich mich bückte und hineinschaute, erkannte ich Fährten und Fußspuren, die offensichtlich von einem Tier stammten, daß hier seinen Bau hatte, wo es seine Nahrung speicherte und nachts schlief. Während ich die kleine Höhle näher untersuchte, fand ich tatsächlich einige Federn, bei denen es sich um Adler-Daunen handelte. Offensichtlich hatte das Tier, das hier lebte, sie irgendwo gefunden und hierher transportiert. Ich war hoch erfreut darüber, obwohl die Federn ziemlich klein waren und nicht so, wie ich sie mir gewünscht hatte.

Wie auch immer, als ich an die Stelle zurückkam, wo

Shabari auf mich wartete, gab ich ihr diese Federn und machte mich erneut auf die Suche. Und dann, als ich die Hoffnung auf eine perfekte Feder für mein *Vision Quest* beinahe schon aufgeben wollte, schaute ich auf und sah einen Adler, der majestätisch hoch oben in der Luft über mir seine Kreise zog. Ich erinnerte mich daran, was Godfrey mir ein paar Stunden vorher gesagt hatte: »Wenn du die Tiergeister wirklich aus tiefstem Herzen um etwas bittest, werden sie es dir geben.« Ich hielt meinen Blick auf den Adler gerichtet und schickte meinen Geist zu ihm. So nahm ich Verbindung mit ihm auf und bat ihn mit lauter Stimme darum, mir bitte eine Feder für mein *Vision Quest* zu schenken. Plötzlich sah ich, wie langsam etwas vom Himmel in kleinen, spiralförmigen Kreisen zu mir herunterschwebte, und ich sah, daß es eine wunderschöne, große Daunenfeder war. Mein Herz begann schneller zu schlagen, so aufgeregt war ich. Die Feder schwebte immer weiter nach unten und landete schließlich sanft auf dem Boden, weniger als einen Meter entfernt von der Stelle, an der ich stand. Ich hob sie auf und wußte, daß dies die Feder war, um die ich gebetet hatte.

Mit Tränen in den Augen dankte ich den *Tunkashilas* für diesen Segen, der als Geschenk des Adlers zu mir gekommen war.

Jetzt war ich bereit, mein *hanblecha* zu beginnen. Wir gingen zurück, und ich zeigte Godfrey und Charles die Feder. Sie sagten: »Gut, gut!« und Godfrey schien tief berührt, als ich ihm von meinem Erlebnis mit dem Adler berichtete. Er sagte, das sei ein gutes Omen.

Am selben Tag begann ich damit, meine Nahrungsaufnahme zu reduzieren und mich so darauf vorzubereiten, während der zwei Tage und drei Nächte auf dem Berg nichts zu essen und zu trinken. Ich hatte in der Vergangenheit zwar schon mehrere Male gefastet, doch nie ohne Flüsssigkeitsaufnahme. Ich hoffte, keine Probleme zu bekommen. Es hatte schon einige Male Situationen gegeben, wo ich Schwierigkeiten mit Dehydration hatte, also hatte ich gewisse Bedenken.

In einer der *yuwipis* hatten die *Tunkashilas* Godfrey gesagt, er müsse einen Blacktail-Hirsch erlegen und seinen Schwanz auf den Altar legen. Sie ließen ihn wissen, wo er diesen Hirsch finden konnte. Godfrey und sein Bruder Philip, der damals Godfreys Helfer war, hatten ihn ein paar Tage vorher gefunden und erlegt und eine Art Eintopf damit zubereitet. Dieses Gericht würde das letzte sein, das ich vor meinem *Vision Quest* zu mir nehmen würde. In den letzten paar Tagen hatte ich nur Wasser getrunken und Obst gegessen, doch leider hatte jemand den Eintopf mit einer gehörigen Menge Chilipfeffer gewürzt. Mein Mund brannte wie Feuer. Ich hätte nicht davon essen sollen, wie ich bald herausfand. Als ich auf dem Berg war, litt ich sehr unter dem großen Durst, den das scharfe Essen verursacht hatte. Es gab einen Moment, da konnte ich mich auf nichts anderes konzentrieren, an nichts anderes denken als daran, Wasser trinken zu wollen!

Am letzten Tag vor meinem *Vision Quest*, kurz vor Sonnenuntergang, wurde die Schwitzhütte für eine Zeremonie vorbereitet, an der nur Charles und ich teilnahmen. Ich zog mich aus und überreichte ihm meine »Helfer« – meine Decke, die zu einem Ball zusammengerollten *tobacco ties*, das Messer und die anderen Dinge, außer meiner Pfeife. Ich saß Charles gegenüber, der neben der Tür saß. Er bat den Helfer beim Feuer darum, die glühenden Steine in die Hütte zu bringen.

Dann schloß er den Eingang, indem er die Decke, welche die Tür bildete, herunterzog, und wir saßen in absoluter Dunkelheit, zwischen uns die rotglühenden Steine. Charles schüttete nach und nach das Wasser aus meinem Eimer über die Steine, bis die Hütte so voller Dampf war, daß mir das Atmen schwerfiel. Dann gab mir Charles einige Anweisungen im Hinblick auf das, was ich während meines *Vision Quest* tun sollte, wie ich jeden Tag morgens, mittags, bei Sonnenuntergang und des Nachts zu den vier Himmelsrichtungen beten müsse. Er riet mir, wach zu bleiben, nicht einzuschlafen und nie die Pfeife den Boden berühren zu lassen, auf alles zu lauschen und aus tiefstem Herzen um eine Vision zu beten.

Am idealsten ist es, keine Sekunde zu schlafen und während der ganzen Zeit zu stehen, die Pfeife sicher in den Armen haltend. Das ist ungeheuer anstrengend, und ich mußte mich immer wieder mal hinsetzen, doch fiel ich nie in Schlaf, wie wir ihn normalerweise kennen. Indem man sich dazu zwingt, so lange wie möglich wach zu bleiben, gleitet man in eine andere Realität, und wenn dann die Vision kommt, ist es eine Vision im Wachzustand.

Als ich aus der Schwitzhütte kam, gab mir Godfrey einen großen Eimer voll angenehm kühlen Brunnenwassers mit einem Zopf Süßgras drin. Dieses Wasser wird jedem, der auf den Berg geht, als letzte Flüssigkeit angeboten. Es war das letzte Wasser für die nächsten zwei Tage und drei Nächte, und ich durfte soviel trinken wie ich wollte. Es war eine süße, erfrischende Medizin, und es schmeckte wunderbar. Ich konnte die Kraft dieses Wassers in meinem ganzen Körper spüren.

Kurz nach Sonnenuntergang war es dann soweit.

Schweigend fuhren Charles und ich in seinem alten, klapprigen Chevvy querfeldein so nahe wie möglich an den Berg heran. Es war ein milder Septemberabend, und nach dem *inipi* war ich vollkommen nackt geblieben und hatte mir nur meine Decke umgewickelt. Da ich seit jeher eine starke Beziehung zum Mond empfand, hatte ich beschlossen, mein *Vision Quest* während des Vollmondes zu machen, obwohl es traditionell zur Zeit des Neumondes durchgeführt wird. Als ich am Tag vorher auf dem Berg gewesen war, um Adlerfedern zu finden, hatte ich bereits den Ort gefunden, wo ich mich niederlassen wollte. Gerade als ich diese Stelle gewählt hatte, passierte etwas Eigenartiges: Es hatte geregnet, und ein Regenbogen war am Himmel erschienen, der genau von der Stelle meines *Vision Quest* zu dem Ort führte, an dem Shabari ihr *hanblecha* machen würde, in einer Höhle unter der Erde. In dem Moment wußte ich, daß dies der richtige Platz für mich war.

Der Platz lag auf der Westseite des Berges, wo er nach unten abfiel. Hinter mir standen einige Bäume, und ich konnte weit über die Prärie sehen. Die Aussicht war wunderschön. Charles und ich bereiteten schweigend die Stelle vor, steckten die Holzstäbe für die vier Richtungen in den Boden und arrangierten den Altar. Ein paar Tage vorher hatten wir süß duftenden Salbei gepflückt und breiteten ihn auf dem Boden aus, so daß ich mich darauf setzen konnte, wenn es sein mußte. Ich hüllte mich in meine Acryl-Decke, die das Bild eines Bären aufgedruckt hatte. Das Material war jedoch, wie ich schmerzhaft schnell herausfinden sollte, keine gute Wahl gewesen, denn nachts wurde es auf dem Berg empfindlich kalt, und diese Decke war viel zu leicht und bot fast keine Wärme.

Ich setzte mich hin und hielt meine *chanunpa* in den Armen. Sie war mit Salbeizweigen und rotem Baumwollstoff umwickelt. Da sie während des *Vision Quest* nie den Boden berühren soll, muß man immer wach genug sein und die Pfeife in den Armen halten. Was zur Folge hat, daß man ständig bei Bewußtsein ist.

Die *chanunpa* ist ein heiliges Instrument und stellt die Verbindung zwischen Mensch und Spirit her. Und auf diesem Hügel entwickelst du eine starke Beziehung zu deiner Pfeife, die dein ganzes Leben lang anhält. Sie ist mit einer Mischung aus verschiedenen Tabaksorten gefüllt, die es in jedem Raucherladen zu kaufen gibt – und nie mit Drogen oder halluzinogenen Substanzen, wie oft fälschlich angenommen wird. Solange man auf dem Berg ist, raucht man die Pfeife nicht. Erst wenn du zurückkommst, rauchst du sie mit dem Medizinmann bei der Schwitzhüttenzeremonie, die den Abschluß des *hanblecha* darstellt. Und das ist der Moment, wo er von deinen Erlebnissen auf dem Berg erfährt, denn sie alle sind in der Pfeife enthalten, die du während der ganzen Zeit gehalten hast. Und durch das gemeinsame Rauchen der Pfeife erlebt er sie auch.

Zurück zu den letzten Vorbereitungen vor meinem *Vision Quest*. Die 405 in einem Ball zusammengerollten *tobacco ties* waren von den Frauen im Camp angefertigt worden, und Charles legte sie nun in einem Kreis um mich aus, wobei er die Enden nur leicht verknotete, so daß ich sie öffnen konnte, wenn ich dem Ruf der Natur folgen mußte. Und das sind auch die einzigen Male, wo man den Kreis der *tobacco ties* verlassen darf.

Schließlich ließ mich Charles allein, und es dauerte nicht lange, bevor es dunkel wurde. Es gab keinerlei Geräusche, alles war total still, und ich bekam es ein wenig mit der Angst zu tun. Ich erkannte, in welcher Situation ich mich befand, allein auf einem Hügel, an einem Ort, der mir unbekannt war. Alle möglichen angstvollen Gedanken gingen mir durch den Kopf – vielleicht gab es hier ja wilde Tiere. Ich wickelte mich noch mehr in meine Decke ein und hielt die Pfeife nah an meinem Körper. Irgendwann fiel ich in eine Art Schlaf. Obwohl ich mich nicht erinnern kann, wie lange ich in diesem Zustand blieb, werde ich den »Traum«, den ich hatte, nie vergessen. Er fühlte sich absolut real an, und ich sehe alle Details heute noch genauso klar vor mir wie in jener Nacht. In diesem Traum kommen zwei Männer in einem Geländewagen nah an die Stelle herangefahren, wo ich sitze. Sie sehen aus wie Ringkämpfer. Der eine ist ein Riese und der andere ein Zwerg. Sie steigen aus und lassen mich wissen, daß sie gekommen sind, um mir zu helfen. Sie waren ausgesprochen angenehme Charaktere, und ich mochte sie auf Anhieb. Grandma hatte mir einige Tage vorher erzählt, daß sie Ringkämpfe liebte, und da diese Männer Ringer zu sein schienen, schloß ich daraus, daß Grandma sie mir als Beschützer geschickt hatte. Nachdem sie mich ihres Schutzes versichert hatten, stiegen sie in ihr Auto und fuhren weg. Als ich drei Tage später ins Camp zurückkam, erfuhr ich, daß regelmäßig zwei Geister in der Gegend herumziehen, von denen einer ein Riese und der andere ein Zwerg ist. Grandma lachte wissend, als ich ihr von meinem Erlebnis erzählte, und hielt es offensichtlich für sehr lustig.

Als ich aus diesem Traum erwachte, war es ungefähr drei Uhr nachts. Der Vollmond strahlte genau über mir vom Himmel und erhellte ein wenig die Stelle, an der ich saß. Als ich mich im unheimlichen Licht des Mondes umsah, bemerkte ich plötzlich rechts von mir in einem Baum eine riesige Eule, die mindestens einen Meter groß sein mußte. Ich konnte sie deutlich sehen, ihre runden schwarzen Augen und schönen Federn. Sie begann zu heulen, und bald stimmten ein paar andere Eulen in das Geschrei ein. Ich stellte fest, daß ich von Eulen umgeben war, mindestens vier oder fünf von ihnen, und alle heulten ihren Eulenruf. Das ging eine ganze Weile so. Ich fühlte mich geborgen in ihrer Gegenwart und spürte gleichzeitig eine ehrfürchtige Scheu: hier war ich also, und diese großen Nachtvögel, die man nicht oft zu sehen bekommt, waren in unmittelbarer Nähe, sie heulten und schrien und hatten nicht die geringste Angst vor mir. Nach einer Weile verstummten sie, und wieder war alles total still.

Plötzlich hörte ich hinter mir ein stapfendes Geräusch, was immer lauter wurde, und je näher es kam, desto größer wurde meine Angst. Zuerst dachte, ich bildete mir das Geräusch nur ein, doch schnell merkte ich, daß tatsächlich jemand oder etwas hinter mir war. Ich konnte fühlen, wie der Boden um mich herum vibrierte, und dann kam der Augenblick, als ich die Gegenwart dieses Wesens unmittelbar hinter meinem Rücken spürte. Ich hatte keine Ahnung, um wen oder was es sich handelte, aber daß es viel größer war als ich, daran gab es keinen Zweifel. Mein Herz raste, und ich zog mir die Decke über den Kopf. Ich hatte eine solche Angst, daß ich um nichts in der Welt gewagt hätte, mich umzudrehen und das Ding anzuschauen. Dann hörte ich es atmen, langsam und tief, und dieses Geräusch ließ mir die Haare im Nacken zu Berge stehen. Noch nie in meinem Leben hatte ich etwas Ähnliches gefühlt, und ich war zu Tode erschreckt, was beinahe wörtlich zu verstehen ist. Ich wußte, daß ich aufspringen und dieses Wesen konfrontieren sollte, oder zumindest sehen, was es ist. Während ich noch mit diesem Gedanken beschäftigt war und mir das Herz fast aus dem Hals schlug, fühlte ich, wie das Wesen ruhiger wurde, spürte, wie sein Blick von meinem Rücken zu den *prayer ties* wanderte, die mich umgaben, und wie es jedes einzelne Tabaksäckchen genau betrachtete, um zu sehen, welche Gebete in ihnen enthalten waren. Nachdem es so alle 405 *tobacco ties* angeschaut hatte, wurde es total still. Und in dieser Stille wurde meine Angst noch stärker; ich wußte nicht, ob dieses Wesen noch da war und was als nächstes passieren würde. Ich kann mich nur noch daran erinnern, daß ich erneut in einen schlafähnlichen Zustand fiel, eine Art Visions-Schlaf, in dem ich mich in einer luziden Welt wiederfand. Ich war sieben Jahre alt und spielte in einer wunderschönen grünen Wiese am Fuße eines Berges, auf der viele bunte Blumen blühten und durch die ein munterer Bach floß. Die Sonne schien, weiße Wolken zogen vorüber, es war ein herrlicher Tag. Ich war entzückt, hier zu sein, und machte mir überhaupt keine Gedanken, wie ich diesen Ort gefunden hatte. Ich genoß nur einfach, hier zu sein. Ich begann, durch die Wiese zu rennen, und plötzlich sah ich etwas auf mich zukommen. Es war das seltsamste Ding, daß ich je gesehen hatte, eine Schildkröte aus purem Gold, die langsam über die Blumen hin auf mich zuflog. Dieser Anblick erfreute mich zutiefst, denn so lange ich mich erinnern kann, habe ich Schildkröten immer besonders geliebt. Als kleiner Junge hatte ich eine Schildkrötenfarm und viele Bücher über sie gelesen. Doch diese Schildkröte war anders und ganz besonders schön. Als sie näher kam und ich sie beinahe hätte berühren können, konnte ich genau ihr Gesicht sehen.

Sie schaute mich ruhig an, während sie vorbeiflog, und ihr Blick schien mich aufzufordern, ihr zu folgen. Also rannte ich hinter ihr her durch die Wiese, über den Bach und folgte ihr in einen dichten Wald und wieder hinaus auf die andere Seite des Berges. Ich wußte, daß diese Schildkröte eine besondere Bedeutung für mich hatte und daß es wichtig war, daß ich sie fing. Ich folgte ihr, während sie den Berg hinauf schwebte, wo die Bäume kleiner und die Steine größer wurden. Auf halber Höhe des Berges schienen ein paar Höhlen zu sein, und die Schildkröte flog darauf zu. Ich war ihr nah auf den Fersen, und als sie beinahe den Eingang einer Höhle erreicht hatte, verlangsamte sie ihren Flug, als ob sie auf mich wartete. Als ich nach ihr die Höhle betrat, sah ich auf der Höhe meiner rechten Schulter einen Felsvorsprung, auf dem sich die goldene Schildkröte niedergelassen hatte. Ich wußte, daß ich sie jetzt fangen konnte – ich mußte nur meinen Arm ausstrecken und sie packen. Ich hatte das deutliche Gefühl, daß mir in dem Moment, wo ich die goldene Schildkröte in der Hand hielt, große Kräfte gegeben würden, daß mein *Vision Quest* vorbei wäre und ich meine Medizin bekommen hätte. Als ich die Hand nach ihr ausstreckte, kamen von der anderen Seite aus der Dunkelheit der Höhle reptilienartige Kreaturen hervor, Wesen, vor denen ich mich als Kind gefürchtet hatte: ein Krokodil, eine giftige Schlange und andere Tiere, die nur darauf zu warten schienen, daß ich die Schildkröte ergriff, damit sie mich beißen und vielleicht töten konnten. Mit diesem Gedanken überkam mich eine solche Angst, daß ich innehielt und meinen Arm zurückzog. Im gleichen Moment löste sich die ganze Szene auf, und ich fand mich auf dem Berg wieder. Es war früher Morgen, und eine tiefe Traurigkeit überkam mich, als ich erkannte, daß ich die herrliche goldene Schildkröte nicht gefangen hatte.

Als die Sonne am Horizont erschien, begann ich mit meiner Pfeife zu beten. Der Himmel war bedeckt, und es war ziemlich kalt. Am Abend vorher hatte ich den scharf gewürzten Eintopf gegessen, und ich wurde immer durstiger. Während ich so da stand, schaute ich nach Anzeichen von Tieren, auf die ich achten sollte. Beim *Vision Quest* sollte man alles aufmerksam betrachten, denn alles könnte ein Zeichen der *Tunkashilas* sein und eine wichtige Lektion beinhalten. Ich beobachtete aufmerksam die Ameisen und die Fliegen in meiner Nähe, doch fiel mir nichts auf, was mein besonderes Interesse weckte. Ich schaute den Vögeln zu, wie sie vorbeiflogen, und sah in einiger Entfernung ein paar Adler und Habichte. Das war alles. Mir war noch immer kalt von der Nacht, und da auch jetzt die Sonnenstrahlen nicht durch die Wolken brachen, wurde mir den ganzen Tag lang nicht richtig warm. Also betete ich darum, daß es am nächsten Tag warm werden möge, ohne zu ahnen, wie sehr mein Gebet erhört werden würde! Am nächsten Tag wünschte ich bald, daß es wieder wolkig sein würde, denn die Sonne strahlte erbarmungslos heiß vom Himmel, und ich konnte mich nicht vor ihr verstecken.

Der erste Tag schien kein Ende nehmen zu wollen. Ich beobachtete die Sonne, wie sie hinter den Wolken ihre Bahn über den Himmel zog, und es schien ewig zu dauern. Am Abend betete ich wieder zu den vier Himmelsrichtungen, zur Sonne und zur Erde. Dann setzte ich mich mit meiner Pfeife hin, und als die Nacht anbrach, schaute ich lange in den dunklen Himmel hinauf, der von unzähligen leuchtenden Sternen übersät war, und sah eine Sternschnuppe, ein Zeichen dafür, daß es sich aufklären würde. Die Traurigkeit, die ich am Morgen wegen der goldenen Schildkröte empfunden hatte, verließ mich den ganzen Tag nicht. Ich hatte das Gefühl, irgendwie versagt zu haben.

Im Laufe der Nacht fiel ich wieder in eine Art Schlaf. Das muß mit der Tatsache zu tun haben, daß an der Stelle, wo ich mich befand, seit Tausenden von Jahren *Vision Quests* abgehalten werden; daß es an diesem Platz, an dem die Geister lebten, eine besondere Kraft gab, die solche Träume in mir hervorrief. Zudem hatte ich mich lange auf diese Erfahrung vorbereitet. Ich war offen für alles, was auf mich zukam.

In dieser zweiten Nacht hatte ich zwei sehr ungewöhnliche Erlebnisse. Zuerst hatte ich wieder einen sehr luziden Traum, in dem ich mich in einer völlig anderen Welt befand. Mein Großvater – der inzwischen gestorben ist, aber damals noch lebte – war bei mir. Ich hatte das Gefühl, daß er da war, um mir zu helfen. Er liebte Züge, und es gab hier einen Zug, den er mir zeigen wollte.

Der Himmel dieser Welt hatte zwei Sonnen, von denen die eine leuchtend orange und die andere fast weiß war. Das Licht dieser beiden Sonnen, die nahe beieinander standen, traf sich in der Mitte des Himmels und kreierte ein wunderschönes, regenbogenähnliches Muster. Diese ganze Welt war von einem äußerst ungewöhnlichen Licht durchflutet, beinahe so, als schiene das Licht durch einen riesigen Kristall. Alle Pflanzen und Felsformationen strahlten ein Leuchten aus, und ich fragte mich, was das alles zu bedeuten habe. Mein Großvater versuchte, mir etwas zu erklären, doch konnte ich nicht verstehen, was er sagte.

Als ich aus diesem Traum aufwachte, war es Nacht geworden. Ich schaute zu den Sternen hoch und betete wieder mit meiner Pfeife. Und während ich sie in den Armen hielt und schwor, daß sie nie die Erde berühren würden, solange ich auf dem Berg war, fiel ich wieder in einen Schlaf. Und auch dieses Mal betrat ich eine andere, luzide Welt, die noch klarer war als die vorherige.

Ich befand mich in einem indianischen Dorf. Überall gab es *Teepees,* und die Leute rannten aufgeregt herum. Als sie mich sahen, kamen sie auf mich zugelaufen und flehten mich an, ihnen zu helfen. In einem See außerhalb des Dorfes gab es ein Monster; es bedrohte das Dorf und vor allem die Kinder. Könnte ich ihnen bitte helfen, das Monster zu besiegen und loszuwerden? Ich sagte, ich würde ihnen helfen. Einer der Krieger nahm mich bei der Hand und geleitete mich zu einem Kanu. Er ruderte mit mir hinaus auf den See, der von hohen Bergen umgeben war. Plötzlich sah ich so etwas wie eine riesige Schildkröte, deren Kopf aus dem Wasser ragte und die einen sehr wütenden Eindruck machte. Als wir uns ihr näherten, bemerkte ich, daß sie immer wütender wurde und angriffslustig war. Als wir beinahe neben ihr waren, erhob sie sich aus den Wellen, als stünde sie auf einem Felsen unterhalb der Wasseroberfläche. Sie schaute mich an. Ich betrachtete die Schildkröte, die zum Teil golden war und deren Kopf mindestens so groß war wie meiner und die mich mit einem äußerst zornigen Ausdruck anstarrte, als wolle sie mir im nächsten Augenblick den Kopf abbeißen und mich in Stücke reißen. Als ich dennoch näher hinschaute, sah ich, daß hinter dieser Wut ein tiefer Schmerz verborgen lag. Je mehr ich mich auf diesen Schmerz konzentrierte, desto deutlicher wurde er. Dann sah ich, wie eine Träne aus dem rechten Auge langsam über ihre Wange lief. Ich empfand Mitleid mit der Schildkröte und streckte meine linke Hand nach ihr aus. Mit dem Zeigefinger berührte ich ihre Wange, an der die Träne herunterlief. Im gleichen Moment sickerte sie in meinen Finger, in mein Herz und in meinen ganzen Körper. Ich konnte die Träne in meinem eigenen Blut fließen fühlen. Ein überwältigendes Gefühl von Liebe erfüllte mich, und ich hatte das Bedürfnis, dieses Wesen auf seinen Schnabel zu küssen, obwohl es immer noch zornig schien. Ich beugte mich nach vorne, um genau das zu tun, und wieder spürte ich ein Zögern in mir wie in meinem ersten Schildkröten-Traum. Doch dieses Mal gab ich der Angst nicht nach. Ich küßte die Schildkröte auf die Nase, und dieses wütende, häßliche Wesen verwandelte sich plötzlich in die schönste Indianerin, die ich je gesehen hatte, deren feine Gesichtszüge von herrlichem schwarzem Haar eingerahmt und die in ein prächtiges Kleid aus besticktem Hirschleder gehüllt war.

Dann wachte ich auf. Ich war von Ehrfurcht erfüllt, denn ich spürte, daß ich in diesem Traum meine Medizin erhalten hatte. Sie bestand darin, Menschen zu helfen, die tief verborgene Schmerzen in ihren Herzen trugen. Und obwohl es nicht das ganze Gold der Medizin meiner ersten Begegnung mit der Schildkröte war, wo mich die Angst besiegt hatte, benutzte ich meine Medizin oft während der folgenden vier Jahre, indem ich mit Hilfe von Rebirthing, Counselling und verschiedenen Arten schamanistischer Rituale Menschen half, die unter großen seelischen Schmerzen litten.

Am dritten und letzten Tag meines *Vision Quest* war es sehr heiß, und mein Durst wurde beinahe unerträglich. Meine Zunge begann anzuschwellen, meine Lippen sprangen auf, und meine Kehle wurde so trocken, daß ich das Gefühl hatte, als ob sie zugeschnürt wäre. Langsam überkam mich große Angst. Ich hatte gehört, daß *Vision Quests* tödlich enden konnten, wenn die Nieren wegen Flüssigkeitsmangel nicht mehr funktionieren. Ich hatte zwar schon öfters gefastet, doch nie ohne zu trinken. Das Resultat der wachsenden Angst manifestierte sich unmittelbar in meinem Körper: meine Lippen klebten aneinander, meine Kehle schwoll immer mehr an. Mein ganzer Körper schien aufzugeben, und ich fiel in eine andere, doch sehr verschiedene Art von Trance. Auf diesem Bett aus Salbei sitzend, ohne den geringsten Schatten der großen Hitze preisgegeben, schaute ich unverwandt auf die Sonne, was mich tiefer und tiefer in Trance versinken ließ. Immer wieder fiel mir mein Kopf auf die Schulter, als ob ich unter Drogen stünde. Ich hatte das Gefühl, aus Blei zu sein, paralysiert und unfähig, mich zu bewegen. Ich befand mich am Rande eines Komas, was wahrscheinlich mein Ende bedeutet hätte, als ich direkt über mir lautes Flügelschlagen hörte. Ich riß meinen Kopf hoch, um zu sehen, woher das Geräusch kam, und sah einen Adler, der dabei war, auf mir zu landen. Unter großer Anstrengung riß ich meine Arme hoch und begann, mich so gut ich konnte hin und her zu bewegen, woraufhin der Adler zurück auf den Baum hinter mir flog. Es handelte sich um einen großen Adler mit einer Flügelspanne von ungefähr zwei Metern. Ich schaute ihn noch eine Weile an, bevor ich in diesen komaähnlichen Zustand zurückfiel. Im nächsten Moment hörte ich wieder das Flügelschlagen. Als ich dieses Mal hochschaute, war der Adler noch näher als das erste Mal, vielleich einen Meter von meinem Kopf entfernt, und wieder war er dabei, auf mir zu landen und wie aus einem toten Beutetier ein Stück aus mir herauszureißen. Auch dieses Mal riß ich mit großer Mühe meine Arme hoch, und der Adler flog zurück in den Baum. Ein paar Augenblicke lang sah ich zu ihm hinauf, dann fiel mir der Kopf auf die Schulter und ich befand mich erneut in dem paralysierten Zustand am Rande eines Komas. Und noch einmal stieß der Adler auf mich herunter, und dieses Mal so nahe, daß ich ihn hätte berühren können. Ich war so erschrocken, daß ich tatsächlich aufsprang. Dann sah ich einen zweiten Adler, der uns aus einiger Entfernung zu beobachten schien. Ich schrie den ersten Adler an, so laut ich konnte, um ihm zu zeigen, daß ich noch lebte und weder ihm noch seinem Kumpanen als Beute dienen würde. Im nächsten Moment flogen beide Adler davon, bis sie aus meinem Blickfeld verschwanden.

Damals machte ich mir keine weiteren Gedanken wegen dieses seltsamen Ereignisses. Erst Jahre später wurde mir klar, wie außergewöhnlich es gewesen war. Vielleicht hatte der Adler sich gar nicht an mir gütlich tun wollen, sondern hatte mir vielmehr das Leben gerettet, indem er mich aus der Apathie riß, die meinen Tod hätte bedeuten können.

Ich war froh, als nach diesem heißen Tag die Nacht anbrach. Nie in meinem Leben hatte ich solch furchtbaren Durst gehabt. Ich machte mir große Sorgen wegen meiner körperlichen Verfassung und hatte große Angst zu sterben.

Doch obwohl ich sehr unter meinem Durst litt, bewunderte ich dankbar die absolute, ungestörte Schönheit um mich herum. In dieser Nacht erreichte der Vollmond seinen Höhepunkt. Als er in mein Blickfeld kam und mit seinem geheimnisvollen Licht die Prärie unter mir erhellte, begann ich aus verschiedenen Richtungen die Rufe von Koyoten zu hören, die sich in der Prärie versammelten und heulten und bellten. Plötzlich verspürte ich den Drang zurckzuheulen. Sie hielten inne und lauschten, und nach einer Weile antworteten sie mit ihrem Heulen. Ich schrie zurück, sie verstummten und hörten zu, dann antworteten sie mir, und so ging es eine Zeitlang hin. Schließlich wurde ich müde und schwieg. Das viele Schreien und Heulen hatte meine Kehle noch rauher gemacht. Einen Moment lang schlief ich ein, und als ich aufwachte, war es beinahe Morgen. Ein Nebel rollte von den Bergen in meine Richtung, und ich hörte wieder die Koyoten. Jetzt waren sie unmittelbar hinter mir auf dem Berg. Sie standen in einem Halbkreis weniger als 30 Meter entfernt von der Stelle, an der ich saß. So ganz geheuer war mir das nicht. Ich stand auf und drehte mich zu ihnen um. Durch den Nebel konnte ich kaum ihre Umrisse erkennen und versuchte mich zu erinnern, ob mir je Fälle zu Ohren gekommen waren, in denen Koyoten einen Menschen gefressen hatten. Sofort erkannte ich, wie lächerlich meine Angst war, daß es sich hier um eine heilige Situation handelte und ich darauf achten mußte, meinen Kopf von negativen Gedanken freizuhalten. Also ließ ich die Angst los und fühlte mich geehrt, daß die Koyoten gekommen waren, um mich zu besuchen. Tatsächlich begann ich mich besonders beschützt zu fühlen, weil diese Koyoten-Brüder in meiner Nähe waren. Wieder setzte ich mich hin und betete mit meiner Pfeife. Meine Kehle wurde immer trockener und enger, meine Zunge war geschwollen, und ich war sicher, bald sterben zu müssen. Das Atmen war zur Anstrengung geworden, und meine Ängste kamen zurück. Dies war die letzte Nacht meines *Vision Quest*, und nachdem ich auf einem Salbeizweig herumgekaut und vergeblich versucht hatte, an einem Stein zu saugen in der Hoffnung, irgendwie ein wenig Flüssigkeit in meinem ausgetrockneten Mund zu erzeugen, fiel ich wieder in einen tiefen Schlaf. Ein drittes Mal betrat ich eine andere, luzide und lebendige Traumwelt. Ich befand mich in der Nähe einer Schwitzhütte, die mit Tierhäuten bedeckt war. Davor stand ein Mann, dessen Gesicht schwarz und weiß bemalt war und der einen Kopfputz mit vielen Adlerfedern trug. Er bedeutete mir, näher zu kommen, und sagte mir, sein Name sei Spirit Eagle (Adlergeist). Ich sagte ihm, daß ich furchtbaren Durst hätte und mir deswegen Sorgen machte. Er antwortete: »Komm in mein *inipi,* und ich werde dir helfen.« Also ging ich mit ihm in die Hütte, in der es eine Menge Rasseln und Federn gab. Mit diesen berührte er mich, während er ein Lied sang. Nachdem er diese Heilung vorgenommen hatte, teilte er mir viele Dinge mit, von denen ich einige in der Erinnerung behalten, andere vergessen habe. Doch an eins erinnere ich mich genau: Er erzählte mir von Wallace Black Elk, einem bekannten Lakota-Medizinmann, und sagte, daß seine Frau krank sei und in drei Monaten sterben würde. Und so geschah es. Ein paar Monate nach meinem *Vision Quest* erkundigte ich mich nach Wallace Black Elk und seiner Frau und hörte, daß sie gestorben war.

Als ich aus diesem Traum erwachte, war es Morgen, der letzte Morgen meines *Vision Quest*. Die Sonne ging gerade auf, und ein so dichter Nebel bedeckte die Prärie, daß ich nur ein paar Meter weit sehen konnte. Zu meiner großen Überraschung fühlte ich mich wunderbar. Mein Durst war verschwunden, meine Zunge nicht länger geschwollen. Meine Kehle war so durchlässig wie immer, und ich hatte das Gefühl, locker noch ein oder zwei Tage hier oben bleiben zu können. Ich begann, ernsthaft über diese Möglichkeit nachzudenken, und hatte vor, Charles zu fragen, ob ich noch einen Tag länger bleiben könnte, wenn er kam, um mich abzuholen.

Dann sah ich eine Gestalt durch den Nebel auf mich zukommen. Ich überlegte, um was es sich diesmal handeln konnte, als ich plötzlich eine Stimme hörte, die mir zurief: »Bist du bereit, runterzukommen?« Als die Gestalt näher kam, erkannte ich Charles und antwortete: »Ja, ich bin bereit!« Ich sammelte meine paar Besitztümer ein, wickelte mich in meine Decke und ging mit Charles zu dem Jeep, der mich zu den anderen zurückbringen würde.

Als wir im Camp ankamen, wartete dort ein Frühstück auf mich, doch außer ein wenig Kaffee konnte ich nichts zu mir nehmen. Die Männer hatten schon das *inipi* vorbereitet, mit dem ich mein *Vision Quest* beenden würde. Die Steine waren heiß, die Sonne war noch nicht aufgegangen, obwohl ihr Schein schon am Horizont zu sehen war, und Charles und ich gingen in die Schwitzhütte. Ich nahm ihm gegenüber Platz und hielt meine *chanunpa* in den Händen. In der ersten Runde schüttete er Wasser auf die Steine und fragte mich nach meinen Träumen und Visionen. In der zweiten Runde rauchten wir meine Pfeife, und in der letzten gab er mir eine Interpretation meiner Visionen.

Für den Rest des Tages zog ich mich von den anderen zurück, denn ich fühlte mich noch immer als Teil der Geistwelt, die ich auf dem Eagle Nest Butte erlebt hatte.

Am nächsten Abend hatten wir eine Thanksgiving-Zeremonie, die entsprechend der Lakota-Tradition nach einem *Vision Quest* von dem Betreffenden veranlaßt wird. Godfrey als Interpret der Geister bot an, sie durchzuführen. Alle, die im Camp waren, halfen mir bei den Vorbereitungen für dieses Fest. Nachdem wir alles fertig hatten, begannen wir mit der Zeremonie. Godfrey forderte mich auf, den Teil meiner Visionen und Träume zu erzählen, den ich mit den anderen teilen wollte, da das eine oder andere Geschenk, das ich auf dem Berg bekommen hatte, vielleicht einen Segen für die eigene Familie, Freunde oder sonstige Anwesende bedeuten würde. An dieser Stelle möchte ich darauf hinweisen, daß dies der Grund ist, warum jemand überhaupt ein *Vision Quest* macht: Du tust es nicht für dich selbst, sondern für andere, auf daß du die Kraft in dir finden kannst, ihnen zu helfen und – wenn die Geister es so entscheiden – eine besondere Medizin zu bekommen, die es dir ermöglicht, deiner Familie und der Gesellschaft im allgemeinen dienen zu können.

Die *yuwipi*-Spirits erschienen in der Form von blauen Lichtpunkten und leuchteten in der Dunkelheit. Godfrey forderte mich erneut auf, allen von meinem *Vision Quest* zu berichten. Und so geschah es. Ich sprach ziemlich lange, und als ich geendet hatte, sagte er etwas zu Grandma, das ich nicht ganz verstehen konnte. Das einzige, an das ich mich erinnere, war: »Das Geschenk, das du erhalten hast, besteht darin, daß die Tiergeister dir geben werden, worum du sie bittest, wann immer du aus deinem tiefsten Herzen zu ihnen betest.«

In meinem *Vision Quest* hatte ich zwei Geschenke bekommen: von der Schildkröte ein tieferes Mitgefühl, und vom Adler den in die Tiefe dringenden Blick. Denn in den folgenden vier Jahren half ich nicht nur manchem Menschen bei der Bewältigung seiner seelischen Schmerzen und Ängste, sondern ich stellte fest, daß mir übersinnliche Fähigkeiten gegeben worden waren, die ich seitdem zum Nutzen für andere eingesetzt habe.

Nach ca. vier Jahren hatte ich das Gefühl, daß dieser Zyklus beendet war. Und obwohl ich heute diese Geschenke nicht mehr auf dieselbe Art benutze, teile ich sie dennoch in verschiedener Weise mit den Menschen, die in mein Leben kommen.

Die Intensität meiner Erlebnisse während der zwei Tage und drei Nächte auf Eagle Nest Butte haben mein Leben von Grund auf verändert. Viele der Träume, die ich vor meinem *Vision Quest* nie klar artikulieren, geschweige denn erfüllen konnte, haben sich realisiert. Dieses Erlebnis bedeutete für mich einen großen Schritt nach vorne und erleichterte es mir, neue Entscheidungen zu treffen. Bevor ich auf den Berg ging, wußte ich, daß ich die Umstände meines Lebens ändern wollte, hatte aber keine Ahnung, wie ich das tun sollte. Nach meinem *Vision Quest* wußte ich genau, wohin ich gehen mußte und welche Aufgabe auf mich wartete. Ich hatte ein starkes intuitives Wissen darum, dem ich vertraute und folgte. Ich hatte Klarheit gewonnen. Und bis zum heutigen Tag, zehn Jahre später, geschieht es immer wieder, daß ich mich an Momente während meines *Vision Quest* erinnere, deren Bedeutung mir erst jetzt klar wird. Noch immer habe ich nicht alles verstanden, was damals passiert ist. Ich glaube, daß sich die Erfahrungen während eines *Vision Quest* für den Rest deines Lebens in dir entfalten und dich auf deinem Weg inspirieren und leiten.

DRITTES KAPITEL

MILINDAS GESCHICHTE

Milinda Wright, 33 Jahre, wohnhaft in Maryland.

Vor einem Jahr bekam ich eines Nachmittags plötzlich starke Schmerzen im Unterleib. Als ich meinen Bauch abtastete, fand ich zu meinem Schrecken Schwellungen rechts und links von meiner Gebärmutter. Ich spürte sofort, daß es sich hierbei um etwas Bedrohliches handelte, und wollte nicht bis zum nächsten Morgen warten, sondern begab mich sofort in die Notaufnahme eines nahegelegenen Krankenhauses, um mich untersuchen zu lassen. Während der nächsten fünf Stunden wurde ich von verschiedenen Ärzten gründlich untersucht. Sie machten Abstriche, Röntgenaufnahmen und Bluttests. Nach einigen Stunden hatten sich die stechenden Schmerzen in einen unangenehmen Druck verwandelt, der fast noch schlimmer war.

Am frühen Abend lagen die Untersuchungsergebnisse vor. Der diensthabende Arzt setzte sich neben mich und sagte, daß die Resultate nicht einwandfrei wären. Ich wollte genau wissen, was er damit meinte, doch er schien nicht geneigt, meine Frage zu beantworten. Vielmehr meinte er, ich sollte mir keine unnötigen Sorgen machen, es müßten noch weitere Tests gemacht werden, bevor man eine genaue Diagnose stellen konnte. Er schlug vor, daß ich mich so bald wie möglich einer Ultraschalluntersuchung unterziehe. Zu

Milinda Wright
© Milinda Wright, Terra Alta, WV, USA

diesem Zweck sollte ich die diensthabenden Gynäko-
login des Krankenhauses aufsuchen. Ich war damit einverstanden, und die Schwester vereinbarte einen Termin.

Zunächst war ich froh, eine Ärztin anstatt eines Arztes
gefunden zu haben. Doch das sollte sich schnell ändern,
denn sie war kalt und unpersönlich. Ich kam mir vor
wie ein Routinefall, an dem sie kein wirkliches Interesse hatte. Während sie mir Fragen zu meiner Krankheit
stellte, wollte sie nur »Ja« oder »Nein« als Antwort hören,
jedes weitere Wort schnitt sie mit einer neuen Frage ab.
Sie machte eine Ultraschalluntersuchung, auf der die
Schwellungen in meinem Unterleib deutlich zu sehen
waren, und einen weiteren Abstrich.

Es dauerte eine Weile, bis das krankenhauseigene Labor das Ergebnis des zweiten Abstrichs auf die Station geschickt hatte. Man bat mich, im Wartezimmer Platz zu nehmen, bis mir die Ärztin das Untersuchungsergebnis mitteilen würde.

Es war schon nach Mitternacht, als die Ärztin zu mir kam und mir ohne Umschweife sagte, daß es sich bei den Schwellungen in meinem Unterleib um bösartige Tumore handelte.

Während sie mir verschiedene Behandlungsformen vorschlug, hörte ich ihre Stimme wie von weit her. Ich verstand kaum, was sie sagte. Ich hörte irgendwas von »ernstem Zustand« und daß ich innerhalb eines Jahres sterben würde, wenn ich mich nicht einer Operation und anschließend wegen der Aggressivität meines Krebses zusätzlich einer Strahlen- und Chemotherapie unterziehen würde.

Wie betäubt verließ ich das Krankenhaus und fuhr nach Hause. Zwar hatte ich mittlerweile begriffen, was die Ärztin mir gesagt hatte, doch wollte ich es nicht glauben. Gestern noch war ich gesund gewesen, dann hatte ich plötzlich Schmerzen und Blutungen bekommen, die aber schon wieder zurückgegangen waren, und heute sollte ich todkrank sein? Ich beschloß, einen dritten Arzt aufzusuchen. Bis die Testergebnisse dieser Untersuchung feststanden, wollte ich abwarten und mich nicht verrückt machen lassen.

Schließlich lagen auch diese Ergebnisse vor, und es gab keinen Zweifel mehr: Ich hatte Krebs. Und zwar im fortgeschrittenen Stadium. Chemotherapie alleine würde nichts mehr ausrichten können; ich müßte mir die Gebärmutter und Eierstöcke entfernen lassen und anschließend mindestens fünf Monate lang mehrmals in der Woche zur Strahlenbehandlung gehen. Ich sagte dem Arzt, daß ich unbedingt Zeit zum Nachdenken brauchte, obwohl er meinte, ich solle mich so bald wie möglich entscheiden, denn jeder Tag würde zählen. Vorsichtshalber gab er mir ein Antidepressivum mit für den Fall, daß ich in ein schwarzes Loch der Verzweiflung fallen sollte.

Es kam auch bald der Moment, wo ich dieses Medikament nahm. Doch ich mußte es schnell wieder absetzen, denn es machte mich noch depressiver, als ich ohnehin schon war.

Statt dessen vergrub ich mich in meiner Wohnung. Ich erzählte weder meinem Verlobten Yogadev, der beim *Sundance* in South Dakota war, noch meinen Eltern von meinem Zustand, sondern zog mich in meine vier Wände zurück. Ich wollte sie nicht beunruhigen und erst mit ihnen über meine Krankheit reden, wenn ich eine Entscheidung in bezug auf die Behandlung getroffen hatte.

Ich wurde immer verzweifelter und wußte nicht, was ich tun sollte. Ich begann, mehrmals am Tag ein Glas Wein zu trinken, um mich abzulenken. Alkohol hat bei mir den Effekt, daß es meine tiefsten inneren Gefühle an die Oberfläche bringt. Der Gedanke, daß mein großer Wunsch, Kinder zu haben, wohl nicht mehr in Erfüllung gehen würde, deprimierte mich so sehr, daß mein Lebenswille immer schwächer wurde. Während dieser Tage aß ich kaum etwas, telefonierte mit niemandem und ging nur aus dem Haus, wenn ich eine neue Flasche Wein brauchte. Ansonsten lag ich stundenlang im Bett und weinte. Ich fühlte mich einsam, krank und schwach. Die Behandlungsmethoden, von denen der Arzt gesprochen hatte, machten mir Angst, und ich glaubte nicht, daß sie mir helfen würden. Je mehr ich darüber nachdachte, desto mehr kam ich zu der Überzeugung, daß sie mich womöglich noch schneller töten würden als der Krebs. Ich konnte meine Gedanken nicht fokussieren, konnte keine Entscheidung treffen. Jeden Tag betete ich bis tief in die Nacht hinein und schlief kaum noch. Manchmal bat ich Gott, daß er mich zu sich nehmen sollte, hier und jetzt, damit meine Qual ein Ende hatte. Ich wollte nichts mehr fühlen, nichts mehr denken, nicht mehr leben.

Doch jeden Morgen wachte ich wieder auf und war noch am Leben, wenn auch unfähig, eine Entscheidung zu treffen. Ich wußte, daß die Zeit drängte, doch ich hatte nicht die Kraft, mich zu konzentrieren. Ich konnte meine Zukunft nicht mehr sehen, meine Gegenwart war unerträglich geworden; ich hatte das Gefühl, ein lebender Leichnam zu sein.

Zwei Wochen später kam Yogadev aus South Dakota zurück. Er war erschrocken, als er mich so krank und niedergeschlagen vorfand. Ich erzählte ihm die traurige Neuigkeit und daß ich nicht wußte, was ich tun sollte. Wir beide weinten über meine Krankheit und um unsere ungeborenen Kinder; er nahm mich in die Arme und hielt mich lange liebevoll umschlungen. Und zum ersten Mal seit der furchtbaren Diagnose fühlte ich mich nicht mehr allein; ich wußte, daß Yogadev an meiner Seite sein würde, egal wie meine Entscheidung ausfallen sollte, wenn nötig bis zum bitteren Ende.

Als wir uns einigermaßen beruhigt hatten, erzählte Yogadev mir von Godfrey Chips, einem Medizinmann der Lakota, den er während des *Sundance* getroffen hatte. Er schlug vor, ihn zu kontaktieren und zu fragen, ob er eine Heilungszeremonie für mich durchführen konnte, bevor ich mich den herkömmlichen Behandlungsmethoden unterzog, die meinen Körper zerstören würden in dem Versuch, ihn von seiner Krankheit zu heilen.

Es schien also eine Möglichkeit zu geben, den Krebs zu besiegen, ohne meine Gesundheit dafür völlig aufs Spiel zu setzen. Und plötzlich fiel es mir leicht, eine Entscheidung zu treffen. Ich rief Godfrey an und fragte ihn, ob ich nach South Dakota kommen könnte und er bereit sei, eine Heilungszeremonie für mich abzuhalten. Er sagte, ich solle mich sofort auf den Weg machen.

Ein paar Tage später fuhr ich mit Yogadev los. Er hatte mir erzählt, daß eine Menge Leute bei Godfrey seien, die ihn um *Vision Quests, yuwipi-* und *five stick-* Zeremonien gebeten hatten und er dabei sicher unsere Hilfe brauchen konnte.

In den folgenden drei Wochen hatte ich die Gelegenheit, an den Heilungszeremonien für einige andere Menschen teilzunehmen. Nie zuvor hatte ich etwas Ähnliches erlebt, und es war im wahrsten Sinne des Wortes wunderbar.

Ich wartete auf den Moment, wo ich mit Godfrey über meinen Zustand sprechen konnte. Ich wußte nicht genau, wie ich anfangen sollte; gab es ein festgesetztes Protokoll, dem ich folgen mußte, eine bestimmte Vorgehensweise? Diese Bedenken erledigten sich jedoch schnell, als Godfrey nach dem *yuwipi* für einen Mann, der auch an Krebs erkrankt war, Yogadev und mich zur Seite nahm und uns sagte, daß ich vier *yuwipi*-Zeremonien an vier aufeinanderfolgenden Tagen brauchte, um gesund zu werden. Er fügte hinzu, daß es sich bei mir um eine Situation auf Leben und Tod handelte und wir auf der Stelle mit den Vorbereitungen für das erste *yuwipi* beginnen sollten. Falls das nicht möglich war und ich nach Hause zurück mußte, sollte ich so schnell wie möglich wiederkommen.

Einerseits war ich entsetzt über die Dringlichkeit meiner Lage, wie Godfrey sie darstellte, andererseits hatte ich zum ersten Mal seit der Diagnose nicht nur das Gefühl, diese Krankheit überleben, sondern auch wieder ganz gesund werden zu können. Ich bedankte mich bei ihm für seine Bereitschaft, mir zu helfen, und sagte, daß ich bald zurückkommen würde. Bis zu diesem Zeitpunkt hatte Yogadev die Diagnose der Ärzte nicht wirklich wahrhaben wollen. Doch nachdem er Godfreys Worte gehört hatte, wußte er, daß ich wirklich sehr krank war.

Am nächsten Tag fuhren wir los. Yogadev hatte am Wochenende einen Termin in Maryland, und ich mußte verschiedene Dinge besorgen, die für das *yuwipi* notwendig waren. Erst jetzt erzählte ich meinen Eltern, was los war. Sie waren erschüttert, und wir alle weinten. Das hatte ich kommen sehen und daher so lange nichts gesagt; ich wollte sicher sein, was ich in bezug auf meine Krankheit unternehmen wollte, bevor ich meine Eltern einweihte. Meine Unentschlossenheit zusammen mit ihrer Verzweiflung wäre zuviel für mich gewesen. Doch jetzt hatte ich mich entschieden, hatte einen Hoffnungsstrahl gefunden, und endlich konnte ich mein Herz ausschütten. Ich sagte ihnen, daß ich fest daran glaubte, daß Godfrey mir durch seine Zeremonien helfen konnte. Ich bat sie, mich rückhaltlos in meiner Entscheidung zu unterstützen und für mich zu beten. Sie waren dazu bereit, dennoch hatten sie Bedenken. Ich sagte ihnen, daß ich noch andere Optionen hatte – wie Strahl- und Chemotherapie bzw. Operation – falls das *yuwipi* mir keine Heilung bringen sollte und daß ich diese Optionen dann nutzen würde. Sie akzeptierten meine Entscheidung, wenn es ihnen auch nicht leichtfiel.

Einen Monat später fuhren wir mit unserem Freund Chazz zurück nach South Dakota. Inzwischen hatte ich so viele wunderbare Geschichten über die Chips-Familie gehört, daß ich es kaum erwarten konnte, Godfrey wiederzusehen. Yogadev war ein paar Mal in *yuwipi*-Zeremonien Zeuge erstaunlicher Heilungen geworden, sei es von Polio, Krebs oder in einem Fall von multipler Sklerose, wo der Kranke nach der Zeremonie aus seinem Rollstuhl aufstand und wieder aufrecht gehen konnte. Ich glaubte von ganzem Herzen, daß Gott mich durch die Hilfe von Godfrey gesund machen würde.

Godfrey wollte vier Zeremonien an vier aufeinanderfolgenden Tagen für mich durchführen. Die Zeremonien fanden immer am Abend statt, doch waren Yogadev, Chazz und ich jeden Tag vom frühen Morgen an mit den Vorbereitungen beschäftigt. Für jede Zeremonie mußten neue *prayer ties* geknüpft, die zarten Äste eines Choke-Cherry-Baumes geschält und bemalt werden, Holz für das Feuer der Schwitzhütte geschlagen und ein Festmahl zubereitet werden. Währenddessen war es von größter Wichtigkeit, daß ich mich in einem Zustand von Konzentration und ununterbrochenem Beten befand, wobei ich die *Tunkashilas* darum bat, mich zu heilen.

Kurz vor Beginn des ersten *yuwipi* ging ich in den Zeremonienraum und wischte den Boden mit Salbeiwasser, ordnete die Kissen und Polster und genoß einen Augenblick lang die heilige Atmosphäre dieses Raumes, in dem seit über hundert Jahren nur Zeremonien abgehalten werden und der nur zu solchen Anläßen betreten werden darf. Wieder betete ich aus tiefstem Herzen zu den *Tunkashilas.* Dann kamen Godfreys Helfer und richteten den Altar her.

Nachdem wir in der Schwitzhütte Körper und Geist gereinigt und uns auf die Zeremonie vorbereitet hatten, betrat ich barfuß, mit gesenktem Kopf und geschlossenen Augen den Raum. Ich widerstand der Versuchung, die Augen zu öffnen und zu sehen, wie der Raum hergerichtet worden war, sondern konzentrierte mich ohne Unterbrechung auf meine Gebete. Irgendwie hatte ich die ganze Zeit ein ungewohntes, komisches Gefühl – nicht wegen der Zeremonie an sich, sondern weil ich es gewohnt war, Dinge für andere zu tun und selten das Gefühl hatte, daß andere etwas für mich taten.

Außer mir waren Yogadev, Chazz, Godfreys Bruder Charles und sein Helfer Sal, Grandma sowie zwei von Charles Töchtern anwesend. Ich wußte, daß auch Godfrey im Raum war, doch öffnete ich meine Augen nicht. Yogadev erzählte mir später, wie sie Godfrey gefesselt, in die Decke gewickelt und zu dritt mit dem Gesicht nach unten vorsichtig auf ein Lager aus Salbeizweigen gelegt hatten.

Ich betete ununterbrochen. Die Lampe wurde gelöscht, und der Raum war vollkommen dunkel. Es gab keine Fenster, und die Tür wurde geschlossen, so daß auch nicht der geringste Lichtschimmer in den Raum dringen konnte. Sal begann zu trommeln und zu singen. Es war jedem überlassen, ob er mitsingen oder lieber beten wollte. Grandma hatte neben mir Platz genommen und sagte mir, ich solle aufstehen, meine rechte Hand erheben und kontinuierlich um Heilung beten.

Auf einmal hörte ich die Rasseln, wie sie von einem Ende des Raumes zum anderen flogen. Es war ausgeschlossen, daß irgend jemand der Anwesenden aufgestanden war und die Rasseln bewegte; dazu war es viel zu eng und zu dunkel; der Betreffende wäre unweigerlich über die Füße der anderen gestolpert. Ich fühlte die Anwesenheit von Geistwesen. Dann begann der Boden zu vibrieren, und laute Schritte waren zu hören, als stampfe ein besonders großes, schweres Wesen durch den Raum, vielleicht ein Büffel. Ich erschrak. Mein Herz schlug schneller, und ich betete so intensiv wie ich konnte. Kleine Lichter erschienen unter der Zimmerdecke, die mich aufmerksam anzuschauen schienen. Jetzt kamen die blitzenden Rasseln zu mir, und ich fühlte, wie sie mich berührten. Sanft schlugen sie mir auf die Brust, auf die Seiten und besonders auf meinen Unterleib. Dann berührten sie mein Gesicht, meine Arme, die Herzgegend und noch einmal meinen Bauch, bevor sie sich wieder entfernten. Vage hörte ich während der ganzen Zeit Godfreys gedämpfte Stimme, wie er mit jemandem sprach, den nur er verstehen konnte. Bevor das Licht wieder angezündet wurde, hatten die Geister ihn von seinen Fesseln befreit, und die Decke lang neben ihm.

Die Zeremonie war jedoch damit noch nicht beendet. Yogadev und Sal teilten die Teller und Becher aus, und wir aßen das Mahl, das ich vorbereitet hatte und das von den *Tunkashilas* gesegnet worden war. Erst danach war das *yuwipi* vorbei. Wir alle verließen den Raum, um uns für die Nacht zurückzuziehen.

Doch zuvor wollte ich von Godfrey wissen, ob ich alles richtig gemacht und genug gebetet hatte. Er sagte lächelnd, alles sei gut, und daß wir morgen und die folgenden beiden Tage noch jeweils eine Zeremonie haben würden. In dieser Nacht schlief ich zum ersten Mal seit Wochen durch und wachte am nächsten Morgen erfrischt und gestärkt auf.

Die beiden folgenden Tage verliefen genauso wie der vorangegangene. Die gleichen Vorbereitungen mußten getroffen werden, vom Knüpfen der *prayer ties* bis zum Erhitzen der Steine für die Schwitzhütte. Und im *yuwipi* kamen jedes Mal die Rasseln zu mir und berührten mich an den gleichen Stellen.

Die Zeremonie des vierten Tages verlief ein wenig anders. Die Rasseln kamen nicht, und ich befürchtete, irgendwas falsch gemacht zu haben; vielleicht hatte ich nicht intensiv genug gebetet, war nicht fokussiert genug oder im Laufe des Tages in meinen Anstrengungen nachlässig geworden. Mir standen die Tränen in den Augen, weil ich glaubte, nicht genug zu meiner Heilung beigetragen und damit die Geister enttäuscht zu haben, die offensichtlich dieses Mal nicht erschienen waren.

Doch dann passierte etwas Außergewöhnliches. Grandma hatte immer neben mir gesessen, auch an diesem letzten Abend. Doch plötzlich fand sie sich auf der anderen Seite des Raumes wieder. Die *Tunkashilas* hatten sie dorthin transportiert und waren offensichtlich dagewesen. Als das Licht wieder anging, saß sie zwischen den Männern und wunderte sich, wie sie dahin gekommen war. Es war so lustig, daß wir alle lachen mußten, Grandma am meisten.

Nachdem die letzte Zeremonie vorbei war, nahm Godfrey mich zur Seite und sagte mir, daß die Heilung nun vollendet sei. Den Instruktionen der *Tunkashilas* zufolge sollte ich von jetzt an täglich mit der *chanunpa* beten. Zudem müßte ich drei Tage lang einen Tee trinken, der aus der Wurzel einer Heilpflanze, der sogenannten

»weißen Wurzel«, und aus Salbei zubereitet wurde. Weiter erhielt ich die Anweisung, mich vier Tage lang von allen Menschen und Aktivitäten zurückzuziehen und allein zu sein. Während dieser Zeit sollte ich täglich mehrmals diesen Tee trinken und ununterbrochen für meine Heilung beten. Godfrey meinte, es sei okay, wenn ich das nach meiner Rückkehr tun würde.

Am ersten Tag zu Hause ging es mir plötzlich sehr schlecht. Ich fühlte mich krank und elend, mir war schwindlig, und am Nachmittag war Yogadev über meinen Zustand so besorgt, daß er mich ins Krankenhaus bringen wollte. Doch ich lehnte ab und zog mich in mein Schlafzimmer zurück. Jetzt verstand ich überhaupt nichts mehr. Es hatte so ausgesehen, als sei ich geheilt, und jetzt waren wieder diese Schmerzen da, diese elende Schwäche! Alles verschwamm vor meinen Augen, und ich brach zusammen. Auf dem Boden vor meinem Bett liegend weinte ich bittere Tränen und sagte zu Gott: »Ich kann es nicht alleine tun. Entweder hilf mir, oder laß mich auf der Stelle sterben. Ich habe keine Kraft mehr.« In dem Moment gab ich auf und war bereit zu sterben. Ich wollte mich nicht operieren lassen, wollte weder Chemo- noch Strahlenbehandlung über mich ergehen lassen.

Irgendwann schlief ich ein. Als ich am nächsten Morgen aufwachte, ging es mir wunderbar. Meine Kräfte waren zurückgekehrt, die Schmerzen verschwunden, und ich fühlte mich so gut wie lange nicht. Dankbar spürte ich, daß ich die richtige Entscheidung getroffen und daß die Geister mich durch Godfrey geheilt hatten.

Ich fühlte zwar, daß ich gesund war, doch meine Familie bestand darauf, daß ich mich noch einmal untersuchen ließe. Im Februar des darauffolgenden Jahres ging ich noch einmal ins Krankenhaus, wo mich der Arzt gründlichst untersuchte, mit Ultraschall, Abstrich und Bluttest. Doch zu seiner großen Überraschung konnte er nichts mehr finden; alle Tumore und Schwellungen waren verschwunden, Abstrich und Bluttest zeigten keinerlei Abnormitäten. Er bat mich, ein paar Monate später noch einmal vorbeizukommen und mich untersuchen zu lassen, wenn es auch keinen anderen Grund dafür gab als den, daß er sich meine offensichtliche Heilung nicht erklären konnte.

Im Juni stellten die Ärzte bei meinem letzten Besuch im Krankenhaus dann nicht nur endgültig fest, daß ich tatsächlich keine Spur von Krebs mehr in meinem Körper hatte, sondern auch, daß ich im dritten Monat schwanger war. Welche Freude mir diese völlig unerwartete Neuigkeit bereitete, kann ich auch jetzt noch kaum in Worte fassen!

Yogadev und ich haben geheiratet, und wir freuen uns auf unser erstes Kind, das im Januar zur Welt kommen soll. Meine Achtung und Dankbarkeit gegenüber Godfrey und seiner Familie ist grenzenlos.

Altar
Die besondere Anordnung aller Objekte eines Rituals vor Beginn der Zeremonie, die je nach Zeremonie und Medizinmann verschieden ist.

BIA
Büro für indianische Angelegenheiten

Chanunpa
Lakota für die Heilige Pfeife, die oft fälschlich als Friedenspfeife bezeichnet wird. *Cha* bedeutet soviel wie Holz oder Baum, und *nunpa* heißt zwei.

Eagle Nest Butte
Heiliger Berg der Lakota in den Badlands (Adlernest-Berg).

five stick-Zeremonie
Ein anderes, wichtiges Ritual der Lakota, bei dem Fragen gestellt werden, die die *Tunkashilas* beantworten.

hachoka
Lakota-Begriff für Medizin, Zeremonie im allgemeinen, Medizinmann.

hanblecha
Lakota für »*Vision Quest*«. *Hanble* heißt soviel wie »fasten und eine Vision haben«, *caya* bedeutet »weinen«.

In diesem Fall kann *caya* am besten übersetzt werden mit »intensiv für etwas beten«.

Heilige Pfeife
Ein rituelles Instrument, das von den meisten Indianern Nordamerikas benutzt wird. Es besteht normalerweise aus einem ellbogenförmigen Steinkopf, der mit einem hölzernen Griff verbunden ist. Sie wird in erster Linie dafür benutzt, mit den Geistern zu kommunizieren, und von manchen Medizinmännern als das heiligste Werkzeug der Welt bezeichnet.

inipi
Die Lakota-Schwitzhütten-Zeremonie.

Lakota
Die Sprache der Oglala, Lakota und Dakota, fälschlich oft Sioux genannt, in South Dakota.

Medizin
Die geheimnisvolle Kraft des Universums, nicht einfach ein verschriebenes Medikament. Es gibt gute und schlechte Medizin, kleine und große; Medizinwesen (Heilpflanzen); Elchmedizin (für Frauen); Medizintiere wie Bär, Hund, Koyote etc.

red road
Auf der *red road* zu gehen bedeutet einerseits, gemäß den Traditionen der nordamerikanischen Indianer zu leben. Andererseits heißt es, daß ein Mensch in seinem Leben Ehrlichkeit, Offenheit, Mut und Mitgefühl walten läßt und sich im Einklang mit der Natur und ihren Gesetzen befindet.

tobacco ties, prayer ties
Ein Stück Baumwolltuch von ungefähr drei Zentimetern Durchmesser, in das eine Prise Tabak als Gebet gefaltet und dargebracht wird. Diese »Gebetsketten« werden dann vor dem Altar ausgebreitet.

Tunkashila(s)
Lakota für »Großvater«, die Ahnen überhaupt. Entspricht unserem Begriff von »Gott«.

Vision Quest
Eine weit verbreitete, indianische Tradition, in der vor allem Knaben und Männer in Isolation um Visionen beten. Dies ist das wichtigste Ritual, durch daß ein Lakota-Schamane seine Medizinkräfte erlangt.

White Buffalo Woman
Weiße Büffeljungfrau. Bei den Lakota die legendäre Geistfrau, von der sie die erste »chanunpa« erhielten, die aus dem Schenkelknochen eines Büffelkalbs geschaffen worden war.

wopila
Eine Zeremonie, bei der man seiner Dankbarkeit gegenüber den *Tunkashilas* Ausdruck verleiht.

yuwipi
Eine besondere Zeremonie der Lakota zur Geisteranrufung, bei der der zunächst gefesselte Medizinmann von den Geistern befreit wird. Diese Zeremonie wird bei den verschiedensten Problemen und Krankheiten durchgeführt.

KONTAKTMÖGLICHKEIT

Angelika Hansen über:

Medienagentur Görden
Maastrichter Straße 38
50672 Köln
Tel.: 0221 – 5625900
Fax: 0221 – 9529088

Eventuelle Anfragen für Zeremonien werden über oben genannte Kontaktadresse an die Autorin und durch sie an Godfrey Chips weitergeleitet.

Velma Wallis

Zwei alte Frauen

01/10504

Hoch oben im Norden Alaskas: Zwei alte Frauen werden während einer Hungersnot von ihrem Stamm in der Kälte ausgesetzt. Allein und verlassen in der eisigen Wildnis geschieht das Erstaunliche: Die beiden Frauen überleben ...

»Die indianische Legende besticht durch die archaische Kraft und außergewöhnlichen Naturschilderungen.«
MARIE CLAIRE

HEYNE BÜCHER

Shakti
Gawain

08/9698

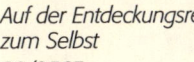
Heyne-Taschenbücher